圖解
刑事訴訟法

黃耀平 著

四版序

從第三版發行以來，世界上發生了許多大事，而刑事訴訟相關法制也發生了大幅度的更動，科技上最重要的大事，例如 ChatGPT、midjourney 等生成式 AI 的爆紅，爆量資訊迎面而來，對照幾十年前，搜尋資料只能在圖書館翻書找尋的時代，還真有點懷念；在資訊洪流的社會，不免會有徬徨、會有情緒，我認為，紮穩根基、紮實的基本知識才能避免在現代社會中隨波逐流，除了語文、數學、物理等基本知識以外，法律學中的基本法科、法學方法，也是屬於紮根知識的一環，應該值得好好學習。

這幾年來，刑事訴訟法的修正，其中重要的變動例如暫行安置制度的設立、交付審判制度轉軌為聲請准予提起自訴制度、第 348 條上訴範圍的修正、第三審上訴案件類型的修正、國民法官法的公布與部分施行等等；本版次就前述變動，以及其他法條及實務上的變動，以適當方式在相應的章節介紹。而本書作為圖解入門書，為了維持篇幅簡短，內容扼要，類似國民法官法（該法共有 113 條）等大部頭的制度，宜交由專書完整介紹，不適合在本書中完整介紹，本書只會在相關單元，簡要說明，以利讀者快速了解刑事訴訟法。

黃耀平

2023 年 8 月

三版序

　　第二版修正以來的將近一年期間，刑事訴訟法通過了四次修法，修正及增訂了八十幾條條文，其中有部分只是用語的修正，例如因應法院組織法，將刑事訴訟法的用語作如下更動：「推事→法官；首席檢察長→檢察長；檢察長→檢察總長」，有些修正則涉及了制度的變動，例如被害人保護及被害人訴訟參與的制度；另外例如將實務上長久存在的限制出境、出海，更加細緻地規定、大幅增加預防性羈押案件類型……等等，總體而言，變動幅度不小。讀者應注意者，這四次修法中，民國 109 年 1 月 15 日公布增訂的第 38 條之 1 條文及修正的第 51 條第 1 項、第 71 條第 2 項、第 85 條第 2 項、第 89 條、第 99 條、第 142 條第 3 項、第 192 條、第 289 條條文，自公布後六個月施行，也就是 109 年 7 月 15 日施行。除此之外，均已施行。

　　正值全民抗疫時期，配合政府政策，避免去人擠人的地方，宅在家讀刑事訴訟法，或者其他各種書籍，總之是開卷有益，在家花時間強化自己的實力，等疫情過去，你的實力大增，和別人相比，已經多出了許多優勢，此時再打開大門大肆消費也不遲，延遲享樂正是成功的要訣之一，不是嗎？

黃耀平

2020 年 4 月

自序

　　從事律師實務工作 6 年以來，一直覺得刑事訴訟法應該是一門有趣的科目，讀刑事訴訟法應該是一件有趣的事，而不是痛苦的事。於是我不斷思考，如何讓學生可以輕鬆學習本科目。其實刑事訴訟法就是一套規則，一套國家必須遵守的規則，規則既然是讓人遵守的，就不能與實例，或者實際事物脫節；以打籃球為喻，籃球比賽有其規則，但是規則一旦脫離了籃球比賽，便不再有意義，而對於一個籃球門外漢用字面解釋什麼是「打手犯規」、什麼是「走步」，外行人不易理解，但是如果看過「灌籃高手」漫畫，甚或親白下場打一局，規則自能明瞭。刑事訴訟法的研讀也是如此，一般人首次接觸刑事訴訟法時，往往一頭陷入教科書艱深的文字當中，無法自拔，其實，我們需要的是，更多的「圖像」；從事過法院實務之人，有了實踐的經驗，圖像不求自得，但是絕大多數的學生，沒有參與實務的機會，因此只能從文字中推敲，本書期待能以文字搭配圖解，幫忙讀者理解，這些圖解的草圖，都是作者苦思後所設計，花費非常多的時間，希望讀者好好利用。

黃耀平

2017 年 1 月

本書目錄

本書目錄

第3章 訴訟程序

本書目錄

第 5 章 特殊偵查方式與強制處分

本書目錄

第7章 偵查

本書目錄

第11章 非常救濟程序

本書目錄

▬第12章▬ 執行程序；附帶民事訴訟程序與沒收特別程序

第 **1** 章

認識刑事訴訟法

●●●●●●●●●●●●●●●●●●●●●●●●●●●● 章節體系架構

UNIT 1-1
刑事訴訟的流程

圖解刑事訴訟法

（一）從犯罪嫌疑開始！

【密室殺人案】

「房東阿部榮發現二樓套房房客 Jason 許久沒有出入，一股飄散在空中的臭味又越來越濃，於是找來鎖匠開鎖，門一開，發現 Jason 倒臥床上，到處是血跡，有一把兇刀掉落在地板上。檢察官相驗屍體後，立即產生兇殺案的懷疑，這樣的懷疑，就是刑事訴訟開始的原因（§§228 I、231 II）。

（二）刑事訴訟流程：偵查→起訴→審判→執行

刑事訴訟流程，主要包含四大程序：「偵查→起訴→審判→執行」，是指經由偵查程序蒐集證據並追查犯嫌，嫌疑足夠者，起訴；起訴後由法院進行審判程序確定被告犯罪事實的有無及刑罰輕重，如確定被告有罪刑，就會進入執行程序，以執行被告的刑罰。

（三）刑事訴訟細部流程

四大程序中，各有其細部流程，以本案為例，司法警察（官）接獲報案，獲有「某人」犯殺人罪的初始嫌疑，而開始調查，也正式開啟「偵查」程序。警察調查後鎖定與 Jason 結怨的 K 先生。警察先以通知書（§71-1）請 K 先生至警局接受詢問，接著在 K 同意下搜索其住處（§131-1），搜索發現，K 的桌上有一張前往上海的機票，而掛在門口的襯衫上有些微血跡，均當場扣押（§133），警察認為，K 購買出國機票，潛逃機會大，乃報請檢察官聲請法院羈押（§101），並將案件報告或移送於檢察官（§§229、230、231），檢察官訊問 K 之結果，認為 K 符合羈押要

件，向法院聲押獲准（§228 IV），然而之後的調查中均查無 K 犯罪的證據，檢察官只能以 K 犯罪嫌疑不足為由，作成不起訴處分（§252 ⑩），K 被釋放（§259 I）。原不起訴處分檢察官依職權送高等檢察署再議（§256 III），檢察長審查認為原扣押證物血刀並未調查，而有調查不備，乃撤銷原不起訴處分，發回原檢察官續行偵查（§258 ①）。

原檢察官再調查後，以殺人罪嫌起訴 K（§264），案件繫屬於地方法院，此時程序進入「審判」階段。審判階段，受訴法院先指定準備程序期日以整理案件爭點（§273），整理完畢進入審判期日，進行調查證據並辯論等程序（§285 以下），最後法院判決 K 有罪，有期徒刑十年，K 不服上訴（§§344 I、350），二審法院維持原判決，駁回上訴（§368），K 再上訴三審（§375），仍遭駁回，K 別無通常救濟途徑，判決確定，進入「執行」程序（§456 以下）。執行檢察官依據確定判決將 K 發監執行，K 服刑八年假釋出獄，出獄後行為良好未再犯罪，二年一滿，執行程序終結，訴訟流程亦隨之終結。

刑事訴訟流程三階段

刑事訴訟細部流程

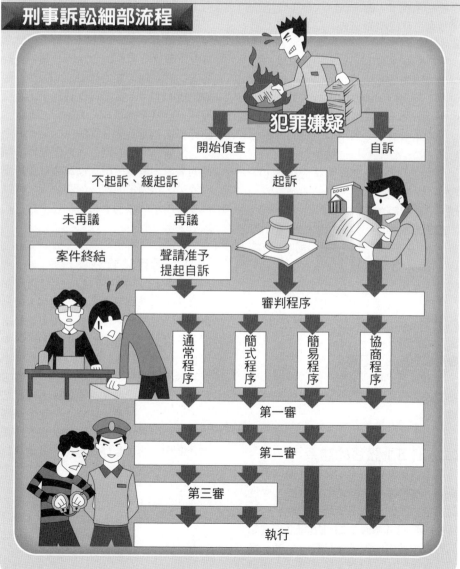

UNIT 1-2
刑事訴訟法的意義與體系

圖解刑事訴訟法

(一)刑事訴訟法的意義

❶刑事法、刑事實體法、刑事程序法、刑事執行法

①刑事法：刑事法是與犯罪有關的法律，包括刑事實體法、刑事程序法與刑事執行法，此三門學問各司其職，刑事實體法定義了犯罪，告訴人們：什麼事可以做，什麼事做了會有刑罰效果；刑事程序法則緊接著設定了追訴犯罪與審判犯罪的遊戲規則；最後，刑事執行法是對經過判決確定有罪的被告，就其所應接受的刑罰（或保安處分）分別由有權機關對被告進行處罰。

②刑事實體法：規定犯罪的要件與效果的法律，稱之為「刑事實體法」，例如：刑法、貪污治罪條例、毒品危害防制條例、槍砲彈藥刀械管制條例等等，均為刑事實體法。

③刑事程序法：規定犯罪的偵查、起訴、審判程序的法律，稱之為刑事程序法，例如：刑事訴訟法、軍事審判法、國民法官法。

④刑事執行法：規定刑罰、保安處分執行程序的法律，例如：監獄行刑法、保安處分執行法。

❷刑事訴訟法的意義

刑事訴訟法為刑事程序法的一環，是指犯罪的偵查、起訴、審判與執行的規定。

(二)刑事訴訟法的體系

刑事訴訟法的法典，共有九編，第一編為「總則編」，在總則編屬於基礎性的規定，原則上適用於所有程序，例如訴訟的參與者為何？如何訊問被告？如何對被告搜索、扣押、拘提、逮捕、羈押等程序；第二編為「第一審」，規定檢察官偵查活動、起訴的規定、第一審法院審理的規則等；對第一審判決有不服者，除有不得上訴的規定者外，得依第三編「上訴」的規定提起救濟；第四編為「抗告」，對裁定有不服者，得依本章規定提起抗告；裁判確定以後，原則上不得再有爭執，但有一些特殊情形可以救濟，參見第五編「再審」、第六編「非常上訴」，再審、非常上訴為非常救濟程序。第八編「執行」是對於終局確定的案件，其執行事項。至於一些較輕微的案件，案情又比較無爭議者，程序上宜以較簡單、經濟的方式進行，因此有第七編「簡易程序」、第七編之一「協商程序」的規定，以滿足程序簡速的需求。最後，第九編為「附帶民事訴訟」，讓因犯罪而受損害之人，可以依本編規定，在刑事訴訟程序附帶提起民事求償。

(三)國民法官法

109年8月12日公布新增訂的國民法官法，引進國民參與審判制度，是針對除毒品、少年案件以外，所犯最輕本刑為十年以上有期徒刑之罪（目前尚未施行，115.1.1起施行），以及故意犯罪因而發生死亡結果的案件（112.1.1起施行），由隨機抽選出的6名國民法官，與3名（職業）法官，一起參與審理、評議、判決的制度。國民法官法當中涉及刑事訴訟程序的部分，為刑事訴訟法的特別法。

刑事法的體系

實體法

對犯罪行為規定了
要件+效果

程序法
追究犯罪的程序

執行法

刑罰、保安處分的
執行

刑事訴訟法的體系與法條架構

總則 →	第一編（總則）：§1~§227
	第二編（第一審）：§228~§343
	第三編（上訴）：§344~§402
	第四編（抗告）：§403~§419
	第五編（再審）：§420~§440
	第六編（非常上訴）：§441~§448
分則	第七編（簡易程序）：§449~§455-1
	第七編之一（協商程序）：§455-2~§455-11
	第七編之二（沒收特別程序）：§455-12~§455-37
	第七編之三（被害人訴訟參與）：§455-38~§455-47
	第八編（執行）：§456~§486
	第九編（附帶民事訴訟）：§487~§512

UNIT 1-3
刑事訴訟法的目的

(一)刑事訴訟法的三大目的

刑事訴訟法有三大目的：發現真實、保障人權、法安定性，以下分述之：

❶發現真實

刑事訴訟法的功能在於確認國家對於被告有無刑罰權，以及刑罰權的範圍，換言之，即在於確認國家可否宣告一個被告犯罪，以及這一名被告應接受的刑罰制裁為何。那麼法院如何正確地達成上述使命呢？其前提自然是「事實的認定無誤」。只有本於正確的事實認定，法院才能妥適地適用法律，做出合乎法律的判決。因此，刑事訴訟法的首要目的即為「發現真實」。（參考法條：§§2、97、163 II、156 I）

❷保障人權

刑事訴訟，為了發現真實，難免會侵害人民的基本權利，例如：搜索會侵害人民的隱私權及財產權；拘提、逮捕、羈押侵害人身自由；監聽侵害通訊自由、隱私權等等。為了避免國家為求真相不計代價，過度侵害人民權利，刑事訴訟法設定國家行為的界限以保障人權，因此，刑事訴訟法以「保障人權」為重要目的。例如：搜索被告，必須在「必要」時才能發動，不得任意為之（§122 I）。（參考法條：§§27 I、31、98、154、156）

❸法安定性

被告如對裁判結果不服，可以提起上訴、抗告來救濟，但救濟程序不能無窮無盡，因為漫長無邊的救濟程序並非被告之福，案件最終必須有個「確定」的時間點，在這個確定的時間點後，法律上的安定性已經回復，故而原則上不容就同一案件再事爭執、再行提起，避免人民就同一事件遭受雙重的追訴、處罰，此即刑事訴訟法的重要目的之一——法安定性。（參考法條：§§252 ①、302 ①）

(二)目的衝突應如何處理

刑事訴訟法三大目的之間，不免發生衝突，例如：無辜的被告被判決有罪確定，案件因「判決確定」而原則上不得再提起上訴來救濟，已達到「法安定性」的要求，然而，就算被告是無辜的，也一概不容許提起救濟嗎？答案是否定的，此案例面臨「發現真實」與「法安定性」之目的衝突，那麼，此類目的衝突的情形，應如何解決呢？衝突的解決之道，並非全面犧牲某一目的，成全其他目的，而是應尋求目的間的調和，以上開案例說明，無辜的被告可能的救濟管道是再審（§§420、421）或非常上訴（§441），但畢竟是判決確定以後的非常救濟程序，其容許救濟的要件特別嚴格，這便是「法安定性」與「發現真實」目的衝突、調和的結果。刑事訴訟法隨處可見此類目的衝突的情形，解決方法也是盡量尋求目的調和，而非單方犧牲某一目的。

刑事訴訟法三大目的

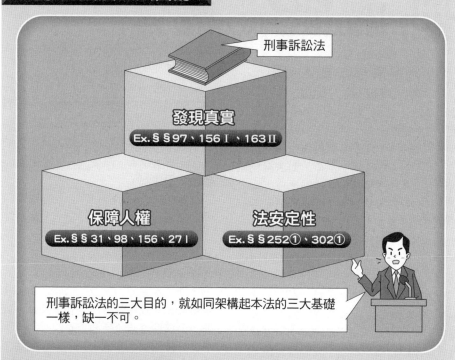

刑事訴訟法

發現真實
Ex.§§97、156Ⅰ、163Ⅱ

保障人權
Ex.§§31、98、156、27Ⅰ

法安定性
Ex.§§252①、302①

刑事訴訟法的三大目的，就如同架構起本法的三大基礎一樣，缺一不可。

目的衝突的處理

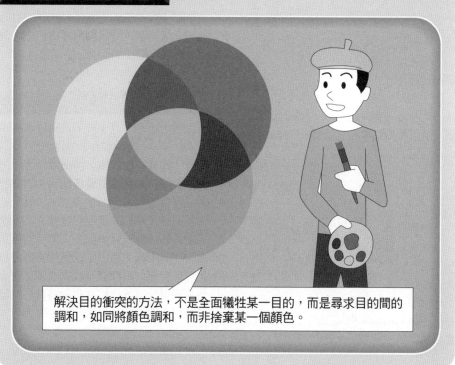

解決目的衝突的方法，不是全面犧牲某一目的，而是尋求目的間的調和，如同將顏色調和，而非捨棄某一個顏色。

UNIT **1-4**
刑事訴訟法的效力範圍（一）

圖解刑事訴訟法

（一）刑事訴訟法對人、事、地、物的效力範圍

刑事訴訟法的效力並非無遠弗屆，而是有一定範圍的，例如對於外國人可否依本法追訴、處罰？對於在外國的犯罪，可否依本法追究？刑事訴訟法究竟對什麼人、什麼事、哪些地方、侵害哪些法益的犯罪有其效力？即為本單元所欲解決者。基本上，由於刑事訴訟法在於實現刑法，因此刑事訴訟法的效力範圍與刑法的效力範圍相同，故以下介紹刑法效力範圍。

我國刑法的效力範圍，規定在該法第3條至第8條，是以屬地原則為主；以國旗原則、屬人原則、保護原則，以及世界法原則為輔；不論是哪一個原則，犯罪均需與我國有一定的關連性，屬地原則就是犯罪「地」與我國有關，屬「人」原則就是「人」與我國有關，保護原則就是「法益」與我國有關。世界法原則就是各國都打擊的犯罪。

❶屬地原則

屬地原則，是指在我國領域犯罪者，法院均有審判權，均得依刑事訴訟法之規定加以審判（有少數例外）。屬地原則的規定如下：

①在我國領域內犯罪者，不問國籍為何，均得依刑事訴訟法追訴、處罰（參刑§3）。

②所稱領域，包括領土、領海、領空。

③犯罪行為地或結果地有一在我國領域內者，均可依本法追訴、處罰（參刑§4）。

④國旗原則：在我國領域外，而具有我國國籍的船艦或航空器內犯罪者，以在我國領域內犯罪論（參刑§3）。

⑤屬地原則的例外：

🅐立法委員在院內所為之言論及表決，對院外不負責任（參憲法第73條）。

🅑國際法上享有治外法權之人：例如外國元首（家屬、隨從）、外國使節。

❷屬人原則

依屬人原則，某些特定人的特定犯罪即便是在我國領域外所為，我國法院亦可依刑事訴訟法規定加以審判，如下述：

①公務員：公務員在外國犯下述罪名，亦為本法效力所及：瀆職罪、公務員縱放或便利脫逃罪、公務員登載不實罪、公務侵占罪（參刑§6）。

②一般國民：我國人民於中華民國領域外犯罪者，除犯有刑法第5條、第6條之罪以外，以所犯為最輕本刑三年以上有期徒刑，且依犯罪地之法律亦有處罰明文者為限，有我國刑事訴訟法之適用（參刑法第7條）。

😀 小博士解說

民國102年5月9日，我國屏東籍漁船廣大興28號行駛在我國南方巴林坦海峽，從事漁船作業，該海域為我國與菲律賓的經濟海域重疊範圍，卻遭到菲國公務船驅趕，並開槍掃射，漁船上一名我國漁民洪石成遭流彈波及死亡。該案被告為外國人，但因殺人罪犯罪結果發生在我國籍漁船上，依國旗原則，以在我國領域內犯罪論，故有我國法之適用，屏東地檢署檢察官亦對該八名開槍者提起公訴。

為什麼探討刑事訴訟法效力？

「刑事訴訟法效力範圍」此一單元，在解決一個問題：我國刑法、刑事訴訟法，可以管到什麼地步？例如：非洲人在非洲打傷另一個人、我國人在我國領域內，打傷一個非洲人等等，我國法律要不要去管？第一例，大家都會有「與我們何干？」的想法，後一例，可能有些人會疑惑，但是多數人應該都會知道，有我國刑法的適用。那麼，我們該如何決定我國刑事法的效力範圍呢？簡單來講，是因為該犯罪與我國有關係，例如：地、人、侵害法益與我國有關係者，或是基於世界原則，世界各國都會打擊的一些嚴重犯罪等。

（犯罪與我國有連繫，我國刑事訴訟法效力才會及之。該犯罪與我國刑事司法權之間，就如同連著的線一樣）

屬人原則
犯罪人與我國有關

世界法原則
各國都打擊的犯罪

我國
刑事訴訟法
效力

屬地原則
犯罪地與我國有關

保護原則
法益與我國有關

屬地原則

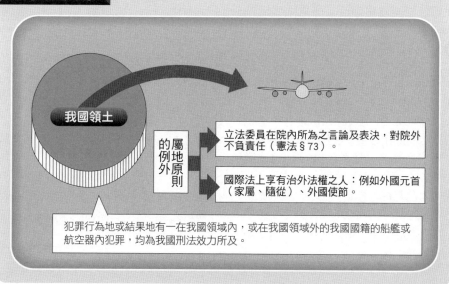

我國領土

的屬
例地
外原
則

立法委員在院內所為之言論及表決，對院外不負責任（憲法§73）。

國際法上享有治外法權之人：例如外國元首（家屬、隨從）、外國使節。

犯罪行為地或結果地有一在我國領域內，或在我國領域外的我國國籍的船艦或航空器內犯罪，均為我國刑法效力所及。

UNIT **1-5**
刑事訴訟法的效力範圍（二）

❸保護原則

國家對於某些破壞重要法益的犯罪，有追訴的必要，縱使此等犯罪在我國領域外發生，仍有我國刑事訴訟法之適用。適用保護原則的犯罪如下：

①保護我國的國家法益：依刑法第5條第1～3款、第5～7款之規定，在我國領域外犯下列各罪者，有我國刑法的適用：內亂罪、外患罪、妨害公務罪（刑法第135、136、138條）、偽造貨幣罪、偽造有價證券（§§201～202）、偽造文書罪（第211、214、218、216條行使第211、213、214條之文書罪）。

②保護我國的個人法益：依刑法第8條之規定，外國人在我國領域外對我國人犯刑法第5條以外之罪，而其最輕本刑為三年以上有期徒刑，且依犯罪地之法律亦有處罰者，則此犯罪有我國刑法的適用。例如：外國人 Bane 在外國殺害我國人民 A，由於殺人罪是十年以上有期徒刑之罪（刑§271 I），因此我國法院得適用刑法、刑事訴訟法對 Bane 審判。

❹世界法原則

某些犯罪侵害法益重大，基於世界的共同法律秩序，不論該犯罪發生於何國，均有我國刑法的適用，參照刑法第5條第4款、第8～10款之規定，以下犯罪即便發生在我國領域外，亦有我國刑法適用：刑法第185條之1、第185條之2的公共危險罪、毒品罪（但施用毒品及持有毒品、種子、施用毒品器具罪除外）、第296條、第296條之1的妨害自由罪、第333條、第334條的海盜罪。

（二）刑事訴訟法對於時的效力範圍

法律自公布施行之日起發生效力，惟法律於公布後有修正者，則產生應適用裁判時的法律（新法），或行為時的法律（舊法）呢？此一時間效力的問題，刑法與刑事訴訟法採取了不同的原則：

❶刑法：原則從舊，例外從新

刑法上，行為後法律有變更者，原則上應適用行為時法（舊法），例外於行為後的法律（新法）有利於行為人者，適用新法（參照刑§2 I）。

❷刑事訴訟法：程序從新原則

刑事訴訟法施行法第2條規定：「修正刑事訴訟法施行前，已經開始偵查或審判之案件，除有特別規定外，其以後之訴訟程序，應依修正刑事訴訟法終結之。」學理上稱此為「程序從新原則」，因此，刑事訴訟程序，依新法進行（只有少數例外，如刑事訴訟法施行法第5、6條）。

刑事訴訟法的效力範圍

立委言論免責權

軍審

在我國領域犯罪
（包括船艦航空器）

我國人犯刑法
第5、6、7條的情形

在外國犯罪

外國人犯刑法
第5、7條的情形

說明：灰色部分為我國刑事訴訟法效力所及，白色則效力所不及。

人、事、地、物的效力範圍

刑事訴訟法的時間效力

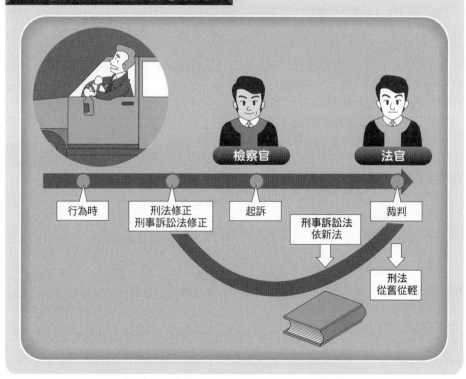

檢察官

法官

行為時

刑法修正
刑事訴訟法修正

起訴

刑事訴訟法
依新法

裁判

刑法
從舊從輕

UNIT **1-6**
刑事訴訟法的建構原則

圖解刑事訴訟法

（一）不告不理原則
❶糾問制度與控訴制度

對於犯罪的追究可概分為三個階段：偵查、起訴、審判，這三個階段在理論上可由同一個機關處理，亦可分由不同的機關處理，前者稱之為糾問制度，後者為控訴制度。在糾問制度下，糾問者身兼偵查者，以及審判者，此制度的問題在於糾問者作為一名偵查者，與被糾問者（被告）處於對立面，則如何在審判時保持其公正客觀第三人的角色？由此可知糾問制度容易損及被告訴訟法上的權利，也因此糾問制度僅盛行於早期古代法制，現今則多採控訴制度。

控訴制度，是指偵查及起訴的任務由檢察官擔任（在自訴案件則由自訴人起訴），審判由法院為之，若無檢察官或自訴人的起訴，法院不得審判，否則即為判決當然違背法令（§379 ⑫）。檢察官或自訴人起訴後，擔任原告，與被告同屬當事人，由法院擔任公正客觀的第三人，因此訴訟架構上形成法院、檢察官（或自訴人）、被告的三面關係，此制度的優點在於偵查者與審判者分離，法院身為審判者，較能不帶偏見地進行審判。

❷不告不理原則

在控訴制度下，案件非經起訴，法院不得審判（§268），此即不告不理原則，如案件未經檢察官或自訴人起訴，法院即行審判者，為「未受請求之事項予以判決」的判決當然違背法令；此原則反面言之，案件經起訴者，法院即負有審判的義務，如未予審判，則屬「已受請求之事項未予判決」的判決當然違背法令（§379 ⑫）。

（二）改良式當事人原則（附論：職權原則與當事人原則）

本法的訴訟主體（主角）為法院、當事人（檢察官、自訴人、被告），那麼訴訟程序的進行，以及證據的調查，究竟由誰主導呢？理論上可以是法院主導，也可以是當事人主導。程序如由法院主導者，稱之為職權原則（主義），由當事人主導者，稱之當事人原則（主義）。我國在 91 年 2 月 8 日修正第 161 條、第 163 條之前，法院負有依職權調查證據的權限及義務，採的是職權原則；修正後，加入了當事人原則的色彩，法院雖仍負有依職權調查證據的義務，但已退居次位，而由當事居於主導的地位（請翻閱重要條文：§§161、163），由於修正後的制度，仍與當事人原則有不盡相同之處，因此稱之為「改良式的當事人原則」。至於國民參與審判制度，依國民法官法的規定，採當事人進行原則，其當事人色彩又更濃了。

😀 小博士解說

我國刑事訴訟法，審判中是「法院—檢察官—被告」的三面關係，立法者認為被害者在這個架構中，較不受重視，因此在維持三面關係的前提下，引入「被害人參與訴訟」的制度，為被害人設計一個「程序參與人」的主體地位，使其得藉由參與程序，瞭解訴訟的經過情形（新增第 455 條之 38 立法理由）。關於被害人訴訟參與制度，參照 Unit 9-8。

糾問制度與控訴制度

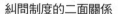

糾問制度的二面關係

控訴制度的三面關係

糾問者 → 被糾問者

法院

檢察官（或自訴人） 被告

不告不理原則

起訴書

檢察官

法官自己發現犯罪，亦不得自行偵辦審理，需由檢察官或自訴人起訴後始得審判

職權原則與當事人原則

	職權原則	改良的當事人原則	當事人原則
法院職權調查義務	法院應依職權調查證據	程序原則上由當事人主導，法院職權調查義務退居次位	法院無職權調查證據義務
檢察官之舉證責任	檢察官負形式的舉證責任	檢察官負實質的舉證責任	檢察官負實質的舉證責任

職權原則與當事人原則之區別，僅在於「法院職權調查義務」、「檢察官之舉證責任」程度的不同而已，如上表，愈往右斜，當事人色彩愈濃；反向而言，職權色彩愈濃。

第 **2** 章
訴訟主體、訴訟
關係人、訴訟客體

●●●●●●●●●●●●●●●●●●●●●●● 章節體系架構 ▼

UNIT 2-1
訴訟主體──法院（一）

圖解刑事訴訟法

（一）訴訟主體概論

在訴訟程序上享有權利、負擔義務，並掌控、參與刑事訴訟程序者，稱為訴訟主體。訴訟主體為「法院」及「當事人」，當事人則是被告、檢察官、自訴人（§3）。

（二）法院概說

法院職司審判，在我國的審級制度下，法院的組織，可分為三級：地方法院、高等法院、最高法院；另外，依審判、救濟程序區分，可分為三審：第一審、第二審、第三審，其一、二審為事實審，第三審為法律審。原則上審與級互相對應，然而有例外（如：§4、§455-1 I）。

（三）法院的建構原理

一般人期待法院具有公平正義，因此建構法院制度最重要的理念就是公平審判。然而在現實社會，有許多影響法院的因素，例如上級長官的壓力，或者人情壓力等等，為了避免上級長官利用指派案件給特定法官，達到操控案件的結果，本法規定，案件的分派由法律來決定，不讓上級隨意將案件指派特定法官，以保障法院的公正性，這就是「管轄」的法理根據；再者，如因法官與案件有特定關係，或者其他足以導致法官偏頗的事由，法官應該要迴避，不能審這個案子，此即「迴避」制度的由來。

（四）迴避制度

❶概說

如法官、書記官或通譯對於案件有偏頗之虞，即不得參與審判程序，稱為迴避。

❷自行迴避

法官於該管案件有下列情形之一者，應自行迴避，不得執行職務（§17）：

①法官為被害人者。

②法官現為或曾為被告或被害人之配偶、八親等內之血親、五親等內之姻親或家長、家屬者。

③法官與被告或被害人訂有婚約者。

④法官現為或曾為被告或被害人之法定代理人者。

⑤法官曾為被告之代理人、辯護人、輔佐人或曾為自訴人、附帶民事訴訟當事人之代理人、輔佐人者。

⑥法官曾為告訴人、告發人、證人或鑑定人者。

⑦法官曾執行檢察官或司法警察官之職務者。

⑧法官曾參與前審之裁判者。

釋字第 178 號解釋認為，本款所謂的「前審」，是指下級審（例如法官曾參與二審裁判，調動到最高法院，應於三審迴避），至於同審級不屬之，此見解著重於被告審級利益的維護。然而最高法院於 110 年的最新共識，認為「曾參與原確定判決之法官，於再審案件應予迴避 （同級審）。

❸聲請迴避

如有下列情形者，當事人可以聲請法官迴避（§§18 ～ 23）：

①法官有第 17 條的情形而不自行迴避者。

②法官執行職務有偏頗之虞者。

❹職權迴避

法院或院長，如發現法官有應自行迴避的事由，應依職權為迴避的裁定（§24）。

法院的審級

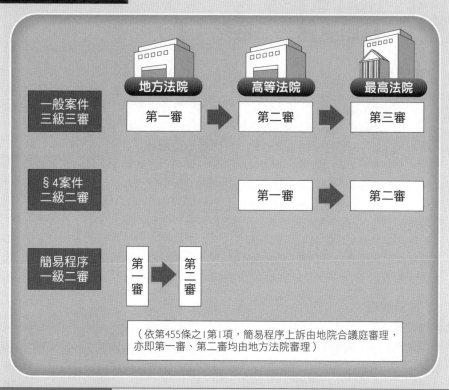

	地方法院	高等法院	最高法院
一般案件 三級三審	第一審	第二審	第三審
§4案件 二級二審		第一審	第二審
簡易程序 一級二審	第一審 第二審		

（依第455條之1第1項，簡易程序上訴由地院合議庭審理，亦即第一審、第二審均由地方法院審理）

迴避制度

①法官為被害人者。
②法官現為或曾為被告或被害人之配偶、八親等內之血親、五親等內之姻親或家長、家屬者。
③法官與被告或被害人訂有婚約者。
④法官現為或曾為被告或被害人之法定代理人者。
⑤法官曾為被告之代理人、辯護人、輔佐人或曾為自訴人、附帶民事訴訟當事人之代理人、輔佐人者。
⑥法官曾為告訴人、告發人、證人或鑑定人者。
⑦法官曾執行檢察官或司法警察官之職務者。
⑧法官曾參與前審之裁判者。

❶ 自行迴避事由
❷ 職權迴避事由

法官執行職務有偏頗之虞者

聲請迴避事由

UNIT **2-2**
訴訟主體──法院（二）

（一）管轄概說

我國法院依組織分為地方法院、高等法院、最高法院。地方法院依區域可分為台北地院、新竹地院、台中地院……等，全台22個。高等法院則有高等法院本院、台中分院、台南分院……等6個。最高法院則僅有一間。有這麼多法院，假如被告犯了罪，究竟要由哪一個法院處理，就是「管轄」要談的問題（另外，智慧財產及商業法院管轄了哪些智慧財產案件？請讀者自行參照智慧財產案件審理法）。

（二）法定管轄

❶事物管轄

事物管轄，係指依案件的性質而區分第一審的管轄法院：

①內亂罪、外患罪、妨害國交罪：第一審由高等法院管轄（§4但書）。

②上開案件以外的案件：第一審由地方法院管轄（§4本文）。

❷土地管轄

依事物管轄的規則判斷後，我們知道案件該由「地方法院」或「高等法院」管轄第一審，但接下來仍應決定是由「哪一地區」的地方法院或高等法院管轄，於是有了土地管轄的規定，依本法第5條規定，下列法院有管轄權：

①犯罪地的法院：例如：甲在台中殺人，台中地院有管轄權。此所稱犯罪地，包括犯罪行為地、結果地。

②被告的住所、居所的法院：例如：乙住嘉義，犯了竊盜罪，嘉義地院有管轄權。

③被告所在地的法院：例如：丙為詐騙集團首腦，在台北被逮捕，台北地院有管轄權。

④在中華民國領域外的中華民國船艦或航空機內犯罪者，船艦本籍地、航空機出發地或犯罪後停泊地的法院有管轄權。

❸牽連管轄

互相牽連的數個案件，如果能在同一個法院審理，對於法院資源的節省大有助益，就此，刑訴法第6條第1項規定，數案件有相牽連關係者，各該法院對於全部案件均取得管轄權，得合併由其中一法院管轄。而所謂「相牽連案件」，係指下述四種情形（§7）：

①一人犯數罪者。

②數人共犯一罪或數罪者。

③數人同時在同一處所各別犯罪者。

④犯與本罪有關係之藏匿人犯、湮滅證據、偽證、贓物各罪者。

（三）管轄競合

適用上述管轄規定的結果，數個法院可能同時對一個案件有管轄權，產生管轄競合的問題（例如：甲住台北，在花蓮犯案，有管轄權的法院是台北、花蓮地方法院），此時應依第8條本文的規定：「同一案件繫屬於有管轄權之數法院者，由繫屬在先之法院審判之。」管轄競合原則上依案件繫屬於法院的先後次序決定由哪一個法院來審理。

（四）裁定管轄

❶指定管轄

如發生管轄權爭議、管轄權不明等情形，由上級法院以裁定指定該案件的管轄法院（§9）。

❷移轉管轄

如果有管轄權的法院因天災或暴動等因素，致無法審判者，由直接上級法院裁定移轉於其他同級法院（§10）。

事物管轄

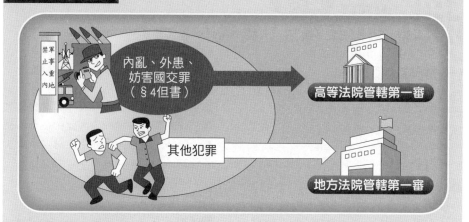

內亂、外患、妨害國交罪（§4但書） ➡ 高等法院管轄第一審

其他犯罪 ➡ 地方法院管轄第一審

土地管轄

住所地 新竹

居所地 花蓮

拘提、羈押 高雄

犯罪地 台東

強盜罪

依刑訴法第5條，被告住所地、居所地、所在地、犯罪地的法院有管轄權。
如左圖，甲住新竹，現居花蓮、在台東犯強盜罪，在高雄被拘提、羈押。則新竹、花蓮、台東、高雄地方法院均有管轄權。

牽連管轄

案件包含了「人」（被告）與「事」（犯罪事實）的要素。如數個案件在人或事有一些牽連關係，例如三人共同強盜A，是不是將三個人一起審問會比較省事呢？因此在案件有相牽連關係的情況，各案件的管轄法院對於全部案件均取得管轄權（§6I）。

相牽連案件有以下四種情形（§7）

➡ 一人犯數罪

➡ 數人共犯一罪或數罪

➡ 數人同時在同一處所各別犯罪

➡ 犯與本罪有關係之藏匿人犯、湮滅證據、偽證、贓物各罪者

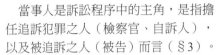

UNIT **2-3**
訴訟主體──當事人（一）

（一）當事人概說

當事人是訴訟程序中的主角，是指擔任追訴犯罪之人（檢察官、自訴人），以及被追訴之人（被告）而言（§3）。

（二）檢察官

❶檢察官的組織

檢察署對應於各級法院而設置，各級檢察署均置有一名檢察長、數名檢察官；最高檢察署則置有一名檢察總長、數名檢察官（法組§§58、59）。

❷檢察一體

為統一全國檢察官執法的標準，將各級檢察官視為一體，賦予上級檢察首長對下級檢察官的介入權限，稱為檢察一體，主要展現於下述二權限：

①指揮監督權：依法院組織法第63條的規定，上級檢察首長得指揮監督下級檢察官。

②職務收取、移轉權：依法院組織法第64條的規定，檢察首長可以將下級檢察官的事務接手處理，也可以把事務移轉於其他轄下的檢察官。

❸檢察官之職務

檢察官之職務，主要為：實施偵查、提起公訴、實行公訴、協助自訴、擔當自訴及指揮刑事裁判之執行，以及其他法令所定的職務。

❹檢察官執行職務的原則

檢察官執行職務，應受以下法定義務的拘束：

①偵查法定原則：檢察官如知有犯罪的初始嫌疑，即應開始偵查，並無裁量的空間（§228）。

②起訴法定原則：檢察官依偵查所得的證據，足以認為被告有犯罪嫌疑者，應提起公訴，並無裁量的空間（§251 I）。

③對被告有利不利的事項均應注意：檢察官主要職務雖然在於追訴犯罪，但其並非純粹的一方當事人，而是負有守護法律的職責在內的，因此，在有利於被告的情形，檢察官亦應注意（例如：§§2 I、344 IV）。

（三）自訴人

❶概說

與檢察官同為追訴犯罪角色的自訴人，為私人訴追主義下的產物，為避免自訴人濫行利用自訴程序，浪費司法資源，我國採取自訴強制律師代理制。

❷自訴人的資格（§319 I）

下列之人可提起自訴：①犯罪被害人；②犯罪被害人的法定代理人、直系血親或配偶：此種情形僅於犯罪被害人為無行為能力或限制行為能力或死亡者，始有適用。

😃小博士解說

最高檢察署特別偵查組（特偵組）──106年1月1日廢除

（舊法）法院組織法第63條之1規定，「最高法院特別偵查組」專辦下述案件：

❶涉及總統、副總統、五院院長、部會首長或上將階級軍職人員之貪瀆案件。

❷選務機關、政黨或候選人於總統、副總統或立法委員選舉時，涉嫌全國性舞弊事件或妨害選舉之案件。

❸特殊重大貪瀆、經濟犯罪、危害社會秩序，經最高法院檢察署檢察總長指定之案件。因此前總統馬英九、前總統陳水扁的政治獻金案，都是由特偵組偵辦。

而經常躍上新聞媒體的特偵組，已修法廢除。

當事人有三：檢察官、自訴人、被告

檢察官、自訴人、被告都是當事人，都是程序的主角，「原則上」檢察官只在公訴程序登場，自訴人只在自訴程序登場。

檢察官 → 公訴程序 → 被告

自訴人 → 自訴程序 → 被告

檢察官

實施偵查、提起公訴、實行公訴、協助自訴及擔當自訴及指揮刑事裁判之執行，以及其他

檢察官背負重責（職務），走在一條受到偵查法定原則、起訴法定原則、對被告有利不利一律注意等原則的路上

偵查法定、起訴法定、對被告有利不利一律注意

自訴人

配偶、力為❷❶代理或能被害人死亡犯罪被害或被害人。力、亡或被害人直系限制。血親法為其行為制人血親法為無或定能行

自訴人

自訴代理人

自訴一定要委任律師為代理人

UNIT **2-4**
訴訟主體──當事人（二）

（四）被告的意義

刑事程序的目的，在於確定國家可否對於特定人的特定犯罪事實施加刑罰制裁，此所謂特定人，在偵查中稱之為「犯罪嫌疑人」，在審判中稱之為「被告」（狹義），在執行中稱之為「受刑人」，而上開三種人，泛稱為「被告」（廣義）。

刑事訴訟目的之一在於保障人權，因此被告也被提升為「主體」地位，在程序中享有諸多權利。

（五）被告的權利

被告在程序中享有的權利，都是由「防禦權」所衍生，亦即：被告首先必須知道國家要告他什麼罪名，才能進行防禦，於是有了「請求告知罪名權」（§95Ⅰ①）；再來被告須要知道追訴者手中有什麼資料，才能擬定防禦策略，因此被告享有「閱卷權」（§§33、33-1）；被告對於有利於己的證據，有「聲請調查證據權」（§§163Ⅰ、379⑩）；被告也有「辯護權」，可選任律師（§27）；而在訴訟程序中，被告應有表達意見以防禦自己的機會，因此被告有「請求表達權」（§§96、288-1～290）；被告所表達的意見，必須讓法官聽到，才有實益，因此被告有「請求注意權」，對此，本法要求法官應在判決中交代理由（§§308、310、379⑭），便是請求注意權的體現；另外，被告得就共同被告或證人供詞中的疑點，加以質疑，要求對質或詰問，此即「對質權與詰問權」的由來（§§97、184、166以下、釋字582號）；最後，被告有對於法院或檢察官的判斷表示不服的權利，而享有「救濟權」，包括上訴權、抗告權等。

（六）被告的義務

為了發現真實，本法課與被告一定的義務：

❶忍受義務

為了保全被告、保全證據，許多強制處分均限制或干預被告的權利，例如，被告不到庭得以拘提、有逃亡之虞得以羈押、有足為證據之物，得以搜索被告處所並扣押；此些強制處分，往往干預被告的隱私權、人身自由等，但被告有忍受義務。

❷到場義務

被告應到場辨明事實，因此被告在程序中有到場義務。

❸對質義務

對質既為被告的權利，亦為被告的義務，被告負有與共同被告或證人對質的義務。

🔵小博士解說

被告雖然享有閱卷權，但是舊法第33條第1項規定，辯護人才享有完整的閱卷權，無辯護人的被告僅能請求法院給予卷內筆錄的影本（第33條第2項），筆錄以外的其他卷證，被告不能請求閱覽；大法官於釋字第762號，認為第33條第2項妨害被告防禦權，要求立法者修法。108年6月19日修正公布第33條，被告在審判中可以付費請求法院提供卷宗及證物的影本，但卷宗及證物之內容與被告被訴事實無關或足以妨害另案之偵查，或涉及當事人或第三人之隱私或業務秘密者，法院得限制之（§33Ⅱ）。至於卷宗及證物的正本，只有在確保卷宗及證物安全的前提下，並經過法院許可時，才可以檢閱之，但是如果有前項但書情形，或是只提供影本並不影響被告有效行使防禦權時，法院得限制之（§33Ⅱ）。前二項限制，被告得提起抗告（§33Ⅲ）。持有上開卷宗及證物之人，不得就該內容為非正當目的之使用（33Ⅳ）。

被告的意義

犯罪嫌疑人　　　被告　　　受刑人

偵查　　　審判　　　執行

學者認為，應以階段區分被告的「名稱」，在偵查中稱之為「犯罪嫌疑人」，在審判中稱之為「被告」（狹義），在執行中稱之為「受刑人」，但應注意，刑事訴訟法卻是以「程序主體」來區分被告名稱。亦即，在司法警察調查中之人，法條用語是「犯罪嫌疑人」；在檢察官偵查中或法院審理中，稱「被告」。而執行中之人為「受刑人」。

被告的權利

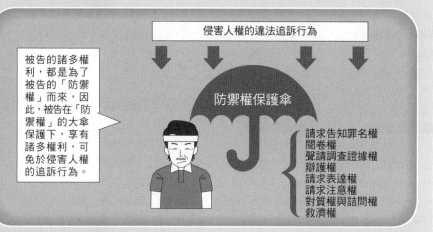

侵害人權的違法追訴行為

被告的諸多權利，都是為了被告的「防禦權」而來，因此，被告在「防禦權」的大傘保護下，享有諸多權利，可免於侵害人權的追訴行為。

防禦權保護傘

請求告知罪名權
閱卷權
聲請調查證據權
辯護權
請求表達權
請求注意權
對質權與詰問權
救濟權

被告的義務

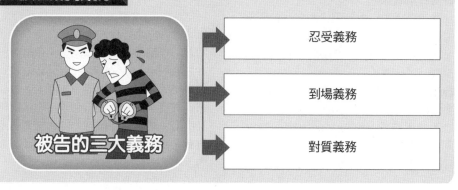

被告的三大義務

忍受義務

到場義務

對質義務

UNIT **2-5**
訴訟關係人──辯護人（一）

（一）辯護人的功能

被告往往缺乏法律知識，無法為自己為有效辯護，故有由辯護人辯護的必要。

（二）強制辯護與任意辯護

有一些影響被告權利重大的案件，沒有辯護人不能進行審判，這種案件稱為強制辯護案件，除此之外的案件為任意辯護案件。

❶強制辯護案件（§31I、455-5I）

①所犯為最輕本刑為三年以上有期徒刑；②所犯為高等法院管轄第一審案件；③被告因精神障礙或其他心智缺陷無法為完全之陳述者；④被告具原住民身分，經依通常程序起訴或審判者；⑤被告為低收入戶或中低收入戶而聲請指定者；⑥協商之案件，被告表示所願受科之刑逾有期徒刑六月，且未受緩刑宣告，其未選任辯護人者。

❷未經辯護人到庭逕行審判的效果

①強制辯護案件或經指定辯護人案件，未經辯護人到庭辯護而逕行審判者→判決當然違背法令（§§284、379⑦）。

②任意辯護案件，已選任辯護人但法院未合法通知其到庭→訴訟程序違背法令（§§378、380）。

❸實質辯護原則

強制辯護案件對於被告的權益影響重大，需經辯護人的實質協助，如果辯護人實際上沒有盡責，即應評價為「未經辯護」。

❹其他強制辯護：修法新增§31-1、§121-1 II關於偵查中羈押審查、暫行安置審查程序進行時，如未選任辯護人，審判長應指定公設辯護人或律師為被告辯護，但等候辯護人逾4小時未到

場，或被告主動請求訊問者，不在此限。另依§481-3 I，保安處分執行相關事項亦有強制辯護事項之規定。另依國民法官法審判案件，亦屬強制辯護（國民法官法§5 V），應予注意。

（三）辯護人由誰選？

辯護人由法院指定者，稱為指定辯護；由被告或其特定親屬選任者，稱為選任辯護。

❶選任辯護（§§27～29）

被告，以及被告的法定代理人、配偶、直系或三親等內旁系血親或家長、家屬均得「隨時」為被告選任辯護人。原則上僅得選任律師，但如經審判長許可，亦得選任非律師為辯護人。辯護人最多僅得選任三人。

❷指定辯護（§§31、31-1）

①偵查中指定辯護：被告或犯罪嫌疑人因精神障礙或其他心智缺陷無法為完全之陳述或具原住民身分者，於偵查中未經選任辯護人，檢察官、司法警察官或司法警察應通知依法設立之法律扶助機構指派律師到場為其辯護。但經被告或犯罪嫌疑人主動請求立即訊問或詢問，或等候律師逾4小時未到場者，得逕行訊問或詢問（§31 V）；另外前述§31-1、121-1 I亦屬偵查中指定辯護的情形。

②審判中指定辯護：Ａ指定權人：審判長；Ｂ指定時期：審判中；Ｃ指定原因：ⓐ強制辯護案件未經選任辯護人者；ⓑ強制辯護案件，已選任辯護人，惟該選任辯護人於審判期日無正當理由而不到庭者；Ｃ非強制辯護案件，審判長認為有必要，而於審判中未經選任辯護人者。

辯護人的功能

辯護人

檢察官與被告之間法律實力的差距，就如同巨人與平常人的差距一樣，所以為了保護被告的防禦權，有了辯護人制度，被告有辯護人的協助，可彌補其實力的差距。

被告

檢察官

強制辯護與任意辯護

○ 強制辯護案件有辯護人到庭辯護才合法

協商逾六月（而未受緩刑）

最輕三年

高院管轄一審

強制辯護案件

（中）低收，聲請指定

原住民（通常程序）

精神障礙、心智缺陷

✕ 強制辯護無辯護人到場即行審判，不合法

選任辯護與指定辯護

辯護人從哪裡來？

國家幫被告選，稱為「指定辯護」。自己或被告的法定代理人、配偶、直系或三親等內旁系血親或家長、家屬選的，稱為「選任辯護」。

強辯案件＋未選任辯護人

被告精神障礙心智缺陷而無法完全陳述

原住民

偵查中羈押審查、暫行安置程序

審判中指定辯護

非強辯案件＋法官認為有必要

強辯案件＋辯護人未到庭

偵查中指定辯護

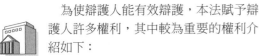

UNIT 2-6
訴訟關係人——辯護人（二）

（四）辯護人的權利

為使辯護人能有效辯護，本法賦予辯護人許多權利，其中較為重要的權利介紹如下：

❶閱卷權

①檢察官隨著偵查進度，會逐漸累積與被告有關的諸多證據；這些證據以及偵查過程的資料，集結而形成卷宗及證物，起訴時，檢察官應將這些卷宗及證物一併送交法院（§264 III）。為讓辯護人了解檢察官控訴的依據，本法賦予辯護人請求檢閱卷宗、證物，並得抄錄、重製或攝影的權利（§33 I）。

②原則上僅在審判中才能行使閱卷權。基於偵查不公開，在偵查中原則上是不能閱卷的，例外是偵查中羈押審查、暫行安置審查程序（§§33-1、121-1 II，參照下述③）、聲請准予提起自訴程序（§258-1 III），可在偵查中閱卷。

③釋字第737號認為偵查中的「羈押審查程序」，法院應以適當方式使被告及辯護人得知檢察官聲請羈押的理由及證據，但不以閱卷為必要；立法者隨後依本解釋的意旨，於民國106年間新增第33條之1，使辯護人在偵查中的羈押審查程序，享有閱卷權，辯護人原則上得檢閱卷宗及證物並得抄錄或攝影；無辯護人的被告，法院僅須以適當之方式使其知道卷證的內容即可。但是如果卷證外流，有串證、滅證，或危害證人生命、身體等疑慮者，檢察官在聲請羈押時，應該另行分卷，並載明理由，請求法院以適當的方式限制或禁止被告及其辯護人獲知（§93 II），此等卷證如果經法院禁止獲知，也不得作為羈押審查的依據（§101 III）。

④111年間新增關於偵查中暫行安置的審查程序時，準用前述§33-1的辯護人閱卷權、被告的卷證獲知權規定（§121-1 II）。

❷接見通信權

①概念：被告被拘提、逮捕、羈押時，自由被拘束，與外界隔絕，然而辯護人必須與被告討論，才能了解案情，本法於是賦予辯護人接見受拘束的被告，並互通書信的權利（§34 I、II）。而辯護人與「羈押」被告的接見通信，如有湮滅、偽造、變造證據或勾串共犯或證人的情形者，得限制之，其限制應由法院以限制書為之（§§34 I、34-1）；但與「拘提或逮捕」的被告接見或通信，不得限制，僅得暫緩（§34 III）。

②接見通信權行使的方式：羈押法§23 III、§28於98年間修正前，容許所方監視、監聽接見過程，監聽所得的資料，並可作為不利於被告的證據。如此的管制措施，使辯護人接見時無法自由溝通，而遭釋字第654號宣告為違憲，隨後立法院修正羈押法，禁止所方的上開行為。

❸在場權、陳述意見權

辯護人得在偵查機關訊問被告時在場，並得陳述意見（§245 II），並得在準備程序期日（§273）以及審判期日時在場（§271 I）。另外，在審判程序進行中，辯護人得於搜索、扣押或勘驗時在場（§§150 I、219）。

❹上訴權

辯護人可以為了被告的利益而上訴，但是不得與被告的意思相反（§346）。

辯護人閱卷權

一本檢察官對握有這些證據資料所裡，言，而言，是辯護人很重要的閱卷權。

證據1

證據2

審判中，可閱卷

偵查中，除了聲請准許提起自訴、羈押審查程序、暫行安置審查程序外，不得閱卷

接見通信權

被告被拘捕

接見通信

① 被告被拘捕，律師的接見或通信權，不得限制，僅得暫緩接見
② 接見時間不得逾一小時，且以一次為限。

被告被羈押

接見通信

被告被羈押，律師的接見通信權，在有特殊情形時，可限制（§34Ⅰ）

在場權、陳述意見權

員警　　　　　　員警

被告　　　　　　辯護人

辯護人得在偵查機關訊（詢）問被告時在場，並陳述意見（審判程序亦同）

上訴權

（下級審）

（上級審）

律師也可幫被告上訴，將案件從下級審往上送

UNIT **2-7**
訴訟關係人——輔佐人、代理人

（一）輔佐人（§35）

輔佐人，是指輔佐被告或自訴人為訴訟行為之人。

❶輔佐人的資格

被告或自訴人的配偶、直系或三親等內旁系血親或家長、家屬或被告的法定代理人，均得為輔佐人。

❷擔任輔佐人的方式

得為輔佐人之人應向法院以書狀或於審判期日以言詞陳明為被告或自訴人的輔佐人，始得在訴訟中擔任輔佐人。

❸輔佐人的權利

輔佐人得為刑事訴訟法所定的訴訟行為，並得在法院陳述意見。但不得與被告或自訴人明示的意思相反（§35Ⅱ）。

❹應用輔佐人的情形

一般而言，輔佐人並非必備，就算沒有輔佐人也不影響程序。然而如果被告或犯罪嫌疑人有「因智能障礙無法為完全之陳述」的情形，就應該要有輔佐人陪同，如無輔佐人輔佐，其判決違法。而具有此項輔佐人資格者，係指被告或自訴人的配偶、直系或三親等內旁系血親或家長、家屬或被告的法定代理人，或者被告委任之人或主管機關指派的社工人員。

❺未通知輔佐人到場的效果

如已陳明輔佐人，法院即應通知輔佐人到場（§§273Ⅰ、271Ⅰ），如於審判期日未通知輔佐人到場，即行辯論終結，法院所踐行的訴訟程序即有違法。

（二）代理人

代理人，是指受被告、告訴人或自訴人委任，以被告、告訴人或自訴人的名義為訴訟行為，而其行為的效力歸於被告、告訴人或自訴人本人者。

❶被告的代理人

①得委任代理人的案件類型：如被告所犯者是最重本刑為拘役或專科罰金的案件（輕罪），才能委任代理人為訴訟行為，重罪即不得委任代理人到場。

②原則上應委任律師為之，例外如經審判長許可，得選任非律師為辯護人。

③委任時期：偵查中或審判中。

④代理人於審判中得閱卷（§38）。

⑤效果：原則上審判期日如被告不到庭，是不得審判的，違反者會有第379條第6款的判決當然違背法令。但得委任訴訟代理人的案件，有代理人到場者，縱被告不到庭，亦得審判（§281）。

❷告訴代理人

告訴得委任代理人行之（§236-1），審判中告訴代理人得到場陳述意見（§271-1Ⅰ）。告訴代理人的資格不限於律師，但僅律師得聲請閱卷（§271-1Ⅱ）。

❸自訴人的代理人

為避免濫訴，自訴修改為強制代理制度，因此，自訴之提起，「應委任律師行之。」（§319Ⅱ）；訴訟中，「自訴人應委任代理人到場。」（§37Ⅰ），而且代理人應選任律師為之（§37Ⅱ）。自訴代理人於審判中亦有閱卷權（§38）。

😊 小博士解說

111年修正§481以下關於保安處分的規定，增訂§481-3Ⅱ，此後檢察官聲請§481Ⅰ①時，受處分人有身心障礙致無法完全陳述，或其他法院認有必要時，準用§35輔佐人的規定。

輔佐人

被告或自訴人

輔佐人

被告或自訴人的配偶、直系或三親等內旁系血親或家長、家屬或被告的法定代理人

原則上輔佐人非必備

輔佐人，顧名思義，就是輔佐被告，或自訴人之人，輔佐人可從事訴訟行為，也可在法院陳述意見。

因智能障礙無法為完全之陳述

被告

強制輔佐人

被告或自訴人的配偶、直系或三親等內旁系血親或家長、家屬或被告的法定代理人，或者被告委任之人或主管機關指派之社工人員

強制輔佐案件，輔佐人是必備的

代理人

	被告代理人	告訴代理人	自訴代理人
是否強制代理？	No	No	Yes
律師資格	原則上 Yes（有例外）	不限資格	Yes
案件限制	最重本刑為拘役或專科罰金的案件，被告始得委任代理人到場	可提起告訴的案件均可	可提起自訴的案件均可

UNIT **2-8**
訴訟客體（一）──案件的概念

（一）訴訟客體（案件）的意義

　　訴訟程序進行當中，法院必須清楚地知道本次訴訟程序在處理什麼事項，才能順利地安排訴訟進度，被告也才知道要怎麼防禦，而此訴訟程序處理的對象，即稱為訴訟客體，又稱為「案件」或「訴訟標的」。

（二）訴訟客體的功能

❶貫徹不告不理原則

　　依不告不理原則，案件如未經檢察官或自訴人起訴，不得審判。訴訟客體概念的功能，即在於判斷起訴的犯罪為何、其範圍為何，以貫徹不告不理原則。

❷決定法院審理、判決的範圍

　　法院的審理需有明確的對象，訴訟客體的概念即在於定出法院審理、判決的對象、範圍。

❸決定一事不再理的範圍

　　依一事不再理原則，同一案件不得重複繫屬、重複審判，因此，將案件的範圍界定出來，才能決定一事不再理的範圍。

❹保障被告防禦權

　　有了明確的訴訟客體，被告才知道防禦的對象為何，也才能針對特定的客體擬定防禦計畫。

（三）案件的內容

　　國家對犯了「特定犯罪事實」的「特定被告」有刑罰權（國家刑事制裁被告的權力），但未經訴訟程序確認之前，還不能真正地處罰被告，因此整個刑事訴訟程序的主要工作，就是在確定國家對被告究竟有無具體刑罰權存在，又既然刑罰權是由被告＋犯罪事實所組成，所以訴訟的客體—案件的內容，即為「被告＋犯罪事實」。

（四）案件的個數

　　案件既為「被告＋犯罪事實」，案件的個數即應就被告或犯罪事實的個數而論，申言之，「一個被告＋一個犯罪事實」為一個案件，「數個被告」或「數個犯罪事實」都是數個案件。

（五）寫在案件單一性與同一性之前

　　傳統學說見解，將案件單一性、案件同一性的概念區別處理。然而新進學者多認為，案件單一性與同一性，只是在「一個案件」之下的不同觀察角度，並無區分的必要，易言之，單一性的範圍即為同一性的範圍。例如：丁基於殺人的故意，將石頭從山頂推落，砸死A、B、C三人。丁推落石頭之的行為，觸犯三個殺人罪名，為刑法第55條的想像競合犯，屬裁判上一罪（一個犯罪事實），符合「一個被告＋一個犯罪事實」的條件，因此為一個案件。單一性的作用即在說明，此一案件包含了殺害A、B、C三個部分，在程序上不可分割裁判。而從同一性的觀點，即在判斷殺害A與殺害B，是否屬於同一個案件（答案是Yes!）等問題。

　　但為完整說明起見，以下仍依傳統單一性、同一性區分之方式解說，以供對照。

訴訟客體（案件）的內容、功能

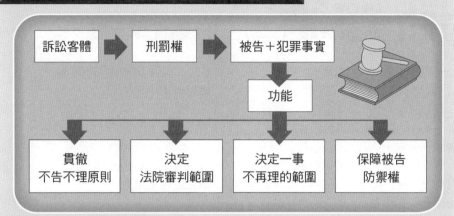

案件數的計算

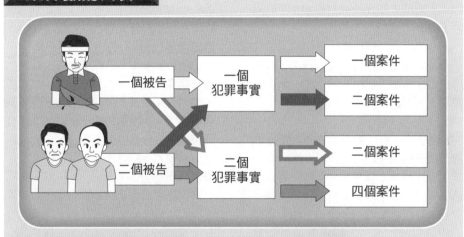

單一性與同一性只是觀察角度的不同

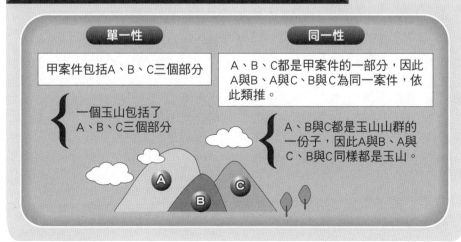

UNIT **2-9**
訴訟客體（二）── 案件單一性

圖解刑事訴訟法

（一）案件單一性的要件

國家對於一被告、一犯罪事實，僅有一個刑罰權，因此所謂案件單一，係指單一被告、單一犯罪事實的情形。

❶單一被告

被告數目是以人頭計算，被告人數為一個即為單一被告。

❷單一犯罪事實

犯罪事實的數目，應參照刑法上的罪數理論（競合論），在刑法上認為一罪，刑事訴訟法上即為一個犯罪事實，而刑法上一罪的情形如下：

①事實上一罪→單純一罪

單純一罪，係指被告以一行為，侵害一法益，觸犯一構成要件之謂，例如甲殺害乙，觸犯一個殺人罪。

②法律上一罪

Ⓐ實質上一罪：實質上一罪，係指不論行為單數或複數，在刑法上僅成立一罪名者。包括六類型犯罪：ⓐ接續犯；ⓑ繼續犯；ⓒ集合犯；ⓓ結合犯；ⓔ吸收犯；ⓕ加重結果犯。例如：偽造貨幣的犯罪行為，通常不會僅偽造一張鈔票，而是製版印刷大量鈔票，因此稱為集合犯，而這些反覆施行的行為，在刑法上只論為一罪。

Ⓑ裁判上一罪：所謂裁判上一罪，是指被告的行為觸犯數個罪名，但在裁判上僅論以一罪。包括三種類型：ⓐ想像競合犯；ⓑ牽連犯（已廢止）；ⓒ連續犯（已廢止）。例如：甲一棒揮出，打傷 A 並且打破 A 的車窗，依刑法第 55 條的規定，裁判上係從一重罪即傷害罪處斷。

（二）案件單一性的效果

❶審判權不可分

軍事審判法第 34 條規定：「犯罪事實之一部應依刑事訴訟法追訴、審判時，全部依刑事訴訟法追訴、審判之。」此為審判權不可分的明文。

❷管轄權不可分

法院對於單一案件的一部有管轄權者，對於全部有管轄權。例如：甲將乙綁起，放入後車廂，從高雄行經台南，載到嘉義，則高雄、台南、嘉義地方法院均對於甲的全部犯行有管轄權。

❸偵查不可分→ Ⅹ

偵查中並無不可分的效力。

❹起訴不可分

就單一案件的一部起訴者，效力及於全部之謂，此參照刑事訴訟法第 267 條的規定：「檢察官就犯罪事實一部起訴者，其效力及於全部。」

❺審判不可分

審判範圍應與起訴範圍一致，單一案件於起訴既有不可分的效力，於審判亦有。惟實務上，認為起訴單一案件的一部，只有起訴的部分與未起訴的部分均有罪的情形，效力才會及於未起訴的部分，應予特別注意。

❻自訴不可分

自訴人對於單一案件的一部得提起自訴者，對於不得提起自訴的他部，原則上亦得以自訴（見 §319 Ⅲ）。

❼上訴不可分

對於單一案件的一部上訴者，在特定條件下，上訴效力及於未上訴的他部（§348 Ⅱ）。

❽判決效力不可分

對於單一案件的一部判決者，既判力效力及於他部。

案件單一性的要件

被告單一	以被告人數判斷，一個被告即為被告單一。			
單一案件	犯罪事實單一	事實上一罪	單純一罪。 Ex. 甲殺乙。	
		法律上一罪	實質上一罪	接續犯。 Ex. 竊賊大搬家。
				繼續犯。 Ex. 妨害自由罪。
				集合犯。 Ex. 刑法偽造罪。
				結合犯。 Ex. 強制性交殺人罪。
				吸收犯。 Ex. 行使偽造私文書罪吸收偽造私文書罪。
				加重結果犯。 Ex. 傷害致死罪。
			裁判上一罪	想像競合犯。 Ex. 一行為打傷兩人。
				牽連犯（已廢止）。
				連續犯（已廢止）。

單一案件的效果

（§348 II 設有條件限制，詳參見 Unit 10-3）

UNIT **2-10**
訴訟客體（三）── 案件同一性

圖解刑事訴訟法

（一）概說

依一事不再理原則，國家對於同一件事情，只能追究被告一次，不能重複追訴，而所謂「同一件事情」，刑事訴訟法稱之為「同一案件」。同一案件的要件是：被告同一、犯罪事實同一。

（二）同一案件的要件

❶同一被告

❷同一犯罪事實

①事實上的同一：依不告不理原則，法院僅能在檢察官起訴的範圍內審判，但假設案例如下：檢察官起訴認為被告甲於下午 4 點，公然侮辱乙，起訴後法官調閱現場錄影，發現甲是在中午 12 點犯案。本案法官認定的事實與檢察官起訴的事實看似些許不同，我們是否能說這前後二事實是同一件事？又如果法官認定的時間與檢察官認定的時間差了六個月呢？還能認為是同一件事嗎？以下的學說，就是在探討，在多大的差異內，我們會認為有「事實上的同一」：

Ａ舊實務見解─基本事實關係同一說：

判斷犯罪事實是否同一，以社會事實為準。如基本的社會事實同一，縱犯罪之日時、處所、方法、被害物體、行為人數、犯罪形式、被害法益、程序及罪名雖有差異，並不影響事實的同一性。

Ｂ新實務見解─訴之目的與侵害性的行為內容是否同一說：

依舊說所認定同一的範圍過廣，不利於被告的防禦，因此實務發展出新說，依新說，犯罪事實的同一，應從訴之目的與侵害性行為的內容是否相同來判斷，亦即，係以原告擇為訴訟客體的社會事實關係為斷，如果基本社會事實關

係相同，但訴之目的不同，仍非同一事實。例如，搶奪與強制猥褻、侵占與行賄、盜賣與買受、走私與竊盜、詐欺與行賄等，均非同一事實。

②法律上的同一：實質上或裁判上一罪，其基本事實雖不同一，然因屬刑法上一罪，起訴一部，效力及於全部，因此其在法律上為同一。

（三）同一案件的效力

❶同一案件繫屬於數法院者，應依刑訴法第 8 條決定審判的法院。

❷一事不再理

同一案件經起訴者，不得再行起訴，如再起訴者，依下述方式處理：

①在判決確定前再行起訴者：對同一案件重複起訴者，處理方式均是對後訴為不受理判決，然而法條依據會因下列情況而有不同：

Ａ先公訴後公訴：依第 303 條第 2 款或第 7 款對後訴為不受理判決。

Ｂ先公訴後自訴：後訴違反第 323 條第 1 項之規定，應依第 334 條對後訴為不受理判決。

Ｃ先自訴後自訴：依第 343 條準用第 303 條第 2 款或第 7 款，對後訴為不受理判決。

Ｄ先自訴後公訴：依第 303 條第 2 款或第 7 款，對後訴為不受理判決。

②在判決確定後再行起訴者：對後訴依刑訴法第 302 條第 1 款之規定為免訴判決。

❸在同一案件之範圍內才能變更起訴法條

依刑訴法第 300 條之規定，在同一案件的範圍內，法院才能變更法條。

何謂同一犯罪事實？

事實上同一

基本事實關係同一說

日時 處所 方法 被害物體

罪名 **基本事實K**

行為人數 犯罪形式 法益

⟵ **K相同即可** ⟶

日時 處所 方法

基本事實K 法益

罪名

行為人數 犯罪形式

依實務舊說即基本事實關係同一說，只要基本事實K同一，犯罪事實就具有同一性，其犯罪的日時、法益、處所等等有所不同，也不影響同一性的判斷，例如：檢察官起訴甲在某日上午10點用手強摸乙女胸部，觸犯強制猥褻，而法官認為，甲是下午3點，強扯乙女項鍊，應為搶奪，前後二事實都是甲對乙女伸手的體力運用，基本事實相同，因此具有同一性，依此標準，真的過於寬鬆，故而發展出以下新說。

訴之目的與侵害性的行為內容是否同一說

日時、處所…等

基本事實K、訴之目的A、侵害性的行為內容B

⟵ **K、A、B都要相同才行** ⟶

日時、處所…等

基本事實K、訴之目的A、侵害性的行為內容B

依實務新說，不止基本事實K要相同，還要訴之目的、侵害性的行為內容相同才是犯罪事實同一。因此上舉之例，搶奪與強制猥褻，基本事實雖然相同，但是訴之目的與侵害法益都不相同，依新說，二者非為犯罪事實同一。

法律上同一

法律上同一發生在實質上一罪及裁判上一罪的情形，例如：甲基於故意，丟一顆球，打破A窗戶、玻璃刺傷B、球刺中C，C死亡，甲一行為觸犯A毀損罪、B傷害罪、C殺人罪，為想像競合犯，屬裁判上一罪即Z罪，A、B、C之基本事實雖然不相同，但因同屬Z罪，因此A、B、C具有犯罪事實同一性。（另請參照Unit2-8的圖解）

Z罪：實質上一罪、裁判上一罪

基本事實A

基本事實B

基本事實C

案件同一性的效果

<table>
<tr><td rowspan="4">同一性的效力</td><td colspan="2">①同一案件繫屬於數法院者，應依刑訴法第8條的規定決定審判的法院</td></tr>
<tr><td rowspan="2">②一事不再理</td><td>判決確定前再行起訴</td><td>對後訴為不受理判決。但法條依據應依前後訴各為公訴或自訴而有所不同。</td></tr>
</table>

<table>
<tr><td></td><td>判決確定後再行起訴</td><td>對後訴依刑訴法第302條第1款之規定為免訴判決。</td></tr>
<tr><td colspan="3">③在同一案件之範圍內才能變更起訴法條（§300）</td></tr>
</table>

第 **3** 章
訴訟程序

UNIT 3-1
訴訟關係

（一）訴訟關係的意義

❶先從訴訟繫屬談起

訴訟繫屬是指案件經法院受理的事實狀態。亦即，案件經起訴（公訴、自訴、聲請簡易判決處刑）、上訴而提出於法院的狀態（§264 I、320 I、451 II）。

❷訴訟關係的意義

訴訟關係，是指案件繫屬於法院，訴訟主體相互間因而產生的權利義務關係。由於我國採不告不理原則，未經繫屬於法院的案件，無訴訟關係存在，法院不得審判，反之，案件繫屬於法院，訴訟關係繼續存在，法院即應加以審判。

（二）訴訟繫屬的產生

案件繫屬於法院後，發生訴訟關係，因此訴訟繫屬的產生，也就是訴訟關係產生的時刻。訴訟繫屬的原因如下：

❶起訴

起訴包括提起公訴（§264）、提起自訴（§320）。又檢察官追加起訴（§265）屬提起公訴的性質；檢察官聲請簡易判決處刑，與提起公訴有同一效力（§451 III）；自訴人追加起訴（§343 準用 §265）則屬提起自訴的性質。以上五種事由均為訴訟繫屬的原因，其繫屬狀態則於提出書狀（起訴書、自訴狀等）於法院時發生。

❷上訴

提起上訴亦屬訴訟繫屬的原因，案件經上訴而繫屬於上級法院，其繫屬狀態則於原審法院將卷宗及證物送交上級審法院時發生（而非提出上訴書狀時發生，此點與前述❶不同）。

（三）訴訟繫屬的消滅

訴訟繫屬消滅者，訴訟關係消滅。訴訟繫屬的消滅原因有二：

❶撤回訴訟

提起訴訟後撤回者，繫屬消滅，撤回訴訟包括撤回公訴（§269）、撤回自訴（§325）、撤回上訴（§354）等。

❷終局裁判

裁判的效力能終結某一法院審級的訴訟者，稱為終局裁判，可分成終局判決及終局裁定。

①終局判決

舉凡有罪、無罪、免訴、不受理、上訴審駁回、撤銷發回、發交之判決（§§299 ～ 304、161 IV、367 ～ 369、395 ～ 401）均為終局判決。

②終局裁定

終局裁定，例如駁回自訴的裁定（§§326 III、333）、起訴審查程序的駁回起訴裁定（§161 II），原審駁回不合法上訴的裁定（§§362、384）。

訴訟繫屬的產生

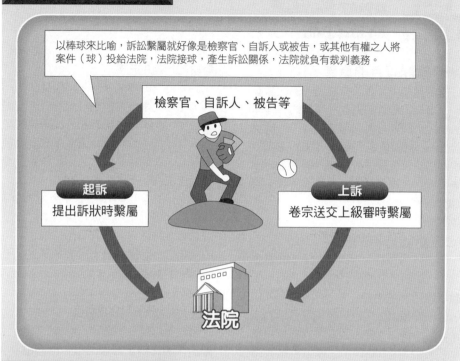

以棒球來比喻，訴訟繫屬就好像是檢察官、自訴人或被告，或其他有權之人將案件（球）投給法院，法院接球，產生訴訟關係，法院就負有裁判義務。

檢察官、自訴人、被告等

起訴
提出訴狀時繫屬

上訴
卷宗送交上級審時繫屬

法院

訴訟繫屬的消滅

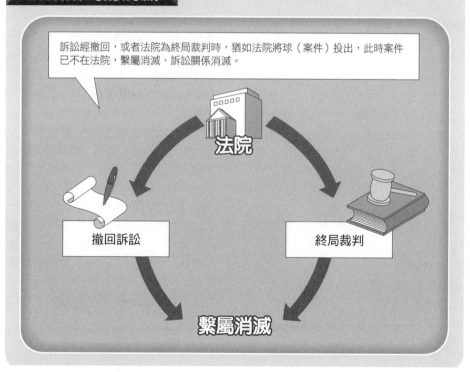

訴訟經撤回，或者法院為終局裁判時，猶如法院將球（案件）投出，此時案件已不在法院，繫屬消滅、訴訟關係消滅。

法院

撤回訴訟

終局裁判

繫屬消滅

UNIT 3-2
訴訟行為

（一）訴訟行為的意義

訴訟程序中，訴訟參與者（例如當事人、證人、法官的行為）所為的一連串活動，不問其行為的方式為何，均屬訴訟行為，例如偵查、拘提、逮捕、羈押、撤回起訴、聲請調查證據、提起上訴、法院審判、提起再審、非常上訴等，都是訴訟行為。

（二）訴訟行為的要件

訴訟行為具備一定的要件，才能發生效力，訴訟行為的效力要件如下：

❶訴訟行為的主體

依法有權限的主體，始能有效地為訴訟行為。例如：僅法院或法官有權決定羈押被告（§102 IV）、僅上訴權人得提起上訴（§§344～347）、僅檢察總長得提起非常上訴（§441）。

❷訴訟行為的內容

①訴訟行為內容必須足資辨認

訴訟行為必須具備足資辨認的內容，而所謂足資辨認，是指可以透過解釋，加以確定其訴訟行為的內容而言。以上訴為例，對判決不服者，救濟程序為「上訴」，對裁定不服者，應以「抗告」救濟，假設有一被告誤對判決提起「抗告」者，經解釋其行為的意思，應可認為是提起合法的「上訴」。

②訴訟行為原則上不得附條件

基於訴訟程序安定性的目的，訴訟行為原則上不得附條件；如附加條件者，訴訟行為無效。例如：在撤回告訴狀附有「被告道歉我就撤回」的條件，則不生撤回告訴的效力。

❸訴訟行為的形式

訴訟行為的形式多端，可能是法律行為，也可能是事實行為，可能需以文書為之，可能需以言詞為之，或單純的身體動作等等。訴訟行為應依本法所規定的形式，才能發生效力，因此判斷訴訟行為應依何種形式，重點在於：法律如何規定，例如：本法第264條、第265條規定，起訴原則應以起訴書為之，但追加起訴得以言詞為之；而依第350條的規定，上訴僅得以上訴書狀為之，不得以言詞為之。

（三）訴訟行為的撤回

訴訟行為是否可撤回，視情形而定：

❶法律明文規定得撤回者，得撤回

本法明文規定得撤回者，如：撤回起訴（§269）、撤回告訴（§238）、撤回上訴（§354）等。

❷法律未明文規定得撤回者

基於法安定性原則，如法律未明文規定得撤回者，原則上不得撤回，例如：依第238條的規定撤回告訴，告訴人不得撤回該「撤回告訴的意思表示」；例外於訴訟行為的撤回不影響法安定性時，得允許撤回，例如：聲請調查證據後撤回者。

（四）訴訟行為的時間

訴訟行為應注意其「期日」或「期間」為何，並於時間內完成，例如「審判期日（§§285、271）、準備程序期日（§273）應前往開庭；上訴應在「上訴期間」（§349）內完成等等。

訴訟行為的意義

訴訟行為是訴訟法上所規定，構成訴訟程序的種種行為，訴訟行為應合乎訴訟法所規定的要件，才能發生效力。

訴訟行為的要件

一個有效的訴訟行為，需要具備：主體要件、內容要件、形式要件、期日或期間內完成、原則不得撤回。以下圖示僅以「上訴」為例，讀者可自行舉一反三，理解其他的訴訟行為：

第344條至第347條
主體必須是上訴權人

20日內

期間：上訴需在判決書送達後20日內為之（§349）

第354條
本法明文規定可撤回上訴

上訴

第350條
形式：
僅得以上訴書狀為之

內容：必須足資辨認
（換言之，就是讓別人也看得懂）

本法重要的期間規定

	條文	期間
告訴期間	第 237 條第 I 項	知悉犯人之時起 6 月內
再議期間	第 256 條第 I 項	收受不起訴或緩起訴處分書後 10 日內
上訴期間	第 349 條	送達判決後 20 日內
抗告期間	第 406 條	送達裁定後 10 日內
準抗告期間	第 416 條第 3 項	送達處分後 10 日內
再審期間	第 424 條	依第 421 條聲請再審者，送達判決後 20 日內

UNIT **3-3** 訴訟條件

（一）訴訟條件的意義

判決分為形式判決（免訴、不受理判決）與實體判決（有罪、無罪判決），法院得為實體判決的前提條件就稱為訴訟條件；如案件不具備訴訟條件，法院僅得為形式判決，例如：被告在判決前存活是訴訟條件之一（§303⑤），如果審判中被告某甲因疾病死亡，法院應為不受理判決，亦即無從對甲為有罪或無罪判決。又訴訟條件必須在程序中始終存在，如一開始具備，而後欠缺者，仍為欠缺訴訟條件，例如：告訴乃論之罪經告訴人提起告訴，於法院審理中撤回告訴，即因欠缺告訴而應為不受理判決（§303③）。

（二）訴訟條件的種類

訴訟條件可分成形式訴訟條件與實體訴訟條件，前者僅與程序法有關，不涉及實體事項，後者則與實體法有關。而欠缺此二類訴訟條件會有不同的效果，此見下述（三）所述。

❶形式訴訟條件

①起訴之程序違背規定（§303①）。

②同一案件在同一法院或不同法院重複起訴（§303②、⑦）。

③告訴或請求乃論之罪，未經告訴、請求或其告訴、請求經撤回或已逾告訴期間（§303③、252⑤）。

④曾為不起訴處分、撤回起訴或緩起訴期滿未經撤銷，而違背第260條第1項之規定再行起訴（§303④）。

⑤被告死亡或為被告之法人已不存續（§303⑤、252⑥）。

⑥對於被告無審判權（§303⑥、252⑦）。

⑦提起自訴未委任代理人（§329Ⅱ）。

❷實體訴訟條件

①案件曾經判決確定者（§§302①、252①）。

②時效已完成者（§§302②、252②）。

③曾經大赦者（§§302③、252③）。

④犯罪後之法律已廢止其刑罰者（§§302④、252④）。

（三）欠缺訴訟條件的效果

❶欠缺形式訴訟條件者→偵查中檢察官應為不起訴處分（§252）；審判中法院應為不受理判決（§303），不受理判決不具有實體確定力，亦即得再行起訴。

❷欠缺實體訴訟條件者→偵查中檢察官應為不起訴處分（§252）；審判中法院應為免訴判決（§302），而且有實體確定力（不得再就同一事件起訴）。

（四）同時欠缺多種訴訟條件應如何判決？

❶欠缺不同種訴訟條件

如同時欠缺形式訴訟條件與實體訴訟條件，基於先程序後實體的理由，法院應為不受理判決。

❷欠缺同種訴訟條件

例如同時欠缺第302條或第303條各款者，以款次順序決定之。

訴訟條件：法院得為實體判決的前提要件

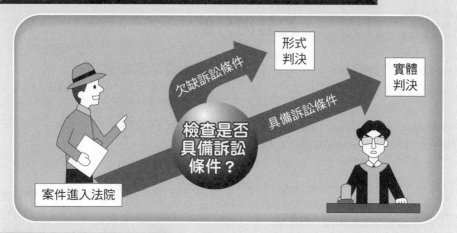

訴訟條件的種類

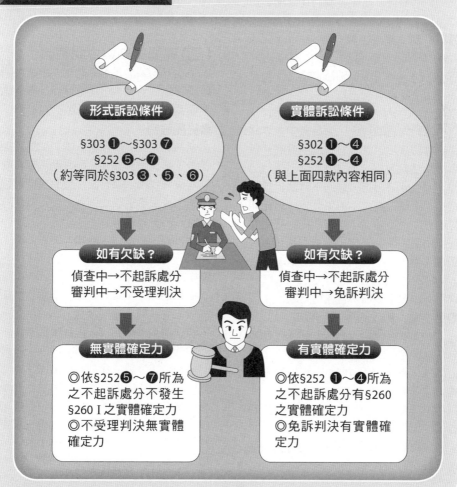

UNIT **3-4**
裁判——意義與分類

圖解刑事訴訟法

（一）裁判的意義

訴訟程序進行中，法院、法官、檢察官、司法警察（官）對外發生法律效果的表示（意思表示），稱之為訴訟上的處分。法院、法官所做的訴訟上處分又名為裁判，而裁判是裁定、判決的簡稱。

（二）裁定與判決的區分標準

裁定與判決都是法院或法官所作，那麼如何區分這二者呢？我們從三項區別標準論之：

❶第一點：作成主體

就作成的主體而言，能作成判決的只有法院，不得由個別法官為之；裁定則可由法院或者個別法官為之。那麼裁定何時應由法院為之，何時應由法官為之？歸納本法的規定，如果裁定內容關係到實體事項，且具有終局決定的性質者，由法院為之，例如：依本法第362條、第384條規定，駁回不合法上訴的裁定，由法院為之；如果裁定內容僅關係到程序上事項者，則可能由法院，亦可能由個別法官為之，悉依本法規定，例如：第9條、第10條、第163條之2規定由法院為之；第153條、第195條第3項規定個別法官亦可為之。

❷第二點：作成的程序及形式

「裁判，除依本法應以判決行之者外，以裁定行之。」（§220）

判決，除有特別規定外，並應經當事人之言詞辯論（§221）。裁定，原則不需經當事人言詞辯論，且無一定的程式。但如果該裁定是因當庭聲明所為之者，應該要經訴訟關係人的言詞陳述（§222 I）。

❸第三點：救濟的程序

對法院或法官所做的裁判結果如有不服者，救濟程序如下：

①對判決不服者，提起上訴（§344 I）。

②對法院的裁定不服者，提起抗告（§403以下）。

③對個別法官（審判長、受命法官、受託法官）的裁定（處分）不服者，視法律如何規定，主要有二救濟途徑：聲明異議（如§288-3）、準抗告（§416）。

（三）終局裁判與中間裁判

依裁判的效力是否終結某一審級的訴訟關係為區別標準，區分為終局裁判與中間裁判：

❶終局裁判

裁判的效力能終結某一審級的訴訟關係者，稱為終局裁判，所有判決都是終局判決，我國刑事訴訟法沒有中間判決的制度（民事訴訟法則有）；而裁定亦有具終結審級效果者，例如：駁回自訴、上訴的裁定（§§326 III、333、362、384）。

❷中間裁判

裁判的效力不具有終結審級訴訟關係的效果者，稱為中間裁判。如前所述，本法中並無中間判決，但有中間裁定，例如羈押各類裁定（§101以下）、駁回調查證據聲請之裁定（§163-2）等。終局裁定與中間裁定的區別實益在於：終局裁定得獨立救濟（抗告）。而為了避免拖延訴訟，中間裁定除有特別規定外，原則上不得救濟（§404 I本文、但書）。

裁判的意義

訴訟上處分

法院、法官、檢察官、司法警察（官）對外的意思表示，統稱為訴訟上處分

裁判

法院、法官對外的意思表示，又稱為「裁判」。

由此可知，裁判就是法院、法官在訴訟上的意思表示（例如：簽發押票、駁回上訴的判決）。

裁定與判決的區分

	裁定	判決
作成主體不同	法院或個別法官均可能作成裁定。（通常涉及實體事項的終局決定，由法院為之，如僅關係到程序事項，可能由法院或個別法官為之）	僅有法院能作出判決
作成的程序及形式不同	裁定原則不需經當事人言詞辯論，且無一定的程式，但如果該裁定是因當庭聲明所為之者，應該要經訴訟關係人的言詞陳述。	判決原則上應該要讓當事人進行言詞辯論
救濟的程序	對法院的裁定不服：抗告 對個別法官的裁定不服：準抗告或聲明異議。	上訴

終局裁判與中間裁判

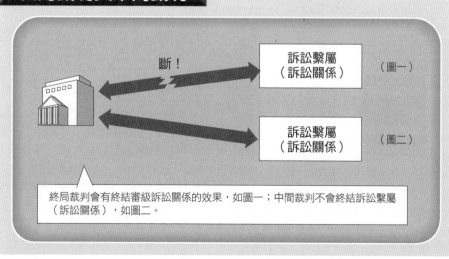

斷！

訴訟繫屬（訴訟關係）　（圖一）

訴訟繫屬（訴訟關係）　（圖二）

終局裁判會有終結審級訴訟關係的效果，如圖一；中間裁判不會終結訴訟繫屬（訴訟關係），如圖二。

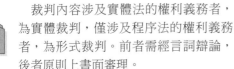

UNIT **3-5**
裁判──分類、成立與生效

(一)實體裁判與形式裁判

裁判內容涉及實體法的權利義務者，為實體裁判，僅涉及程序法的權利義務者，為形式裁判。前者需經言詞辯論，後者原則上書面審理。

❶實體裁判：實體裁定如：更定其刑、定執行刑的裁定（§477）、撤銷緩刑宣告裁定（§476）等。實體判決包括有罪、無罪、免刑判決。

❷形式裁判：形式判決如免訴判決、不受理判決；形式裁定，例如：羈押裁定、聲請迴避之裁定（§21）等。

(二)本案裁判與非本案裁判

訴訟的目的在於確定被告的刑罰權者，為本案裁判；如無確定刑罰權效果者，為非本案裁判；前者有既判力，後者無既判力。本案判決包括有罪、免刑（亦屬有罪）、無罪判決（§§299、301），以及免訴判決（§302）；非本案判決為不受理、管轄錯誤判決（§§303、304）。

(三)裁判的成立與生效

裁判從成立到生效，歷經裁判決定→製作裁判書→裁判諭知的過程（後二順序可能對調）：

❶裁判的決定

①於獨任制法院，由法官一人決定，合議制法院則由數法官評議決定。

②依法院組織法§3，最高法院由五名法官合議，高等法院由三名法官合議，地方法院由法官一人獨任或三人合議。又依刑訴法新修正§284-1 I之規定，除簡式審判程序、簡易程序及該條所列8款案件行獨任審判以外（詳參條文），第一審應行合議審判（§281-1 II尚有得

行合議審判者）；另國民參與審判案件，由3名法官及6名國民法官合議。

❷裁判的形式

裁判應由法官製作裁判書，但不得抗告的裁定當庭宣示者，不用製作裁判書，記載於筆錄即可（§50）。判決書應記載主文、理由，有罪判決書須再加上犯罪事實的記載（§308）。判決理由的部分，依影響被告權利嚴重性，有不同的要求，有罪判決書的記載應較為詳細（§308），但判決輕刑者，可較為簡略（§308-1）。

❸裁判的諭知

裁判的生效時點為「諭知」，諭知又可分為：宣示、送達二種方式。裁判如先經宣示再送達者，宣示時發生效力，如僅宣示未送達者，宣示時生效。如未宣示而送達者，以送達時點為生效時；但應注意法定期間一律自送達後起算（例如上訴期間）：

①裁判的宣示

Ⓐ判決：除不經言詞辯論的判決以外，均應宣示（§224 I）。

Ⓑ裁定：當庭所為的裁定，應宣示之（§224 II）。

②裁判的送達

裁判有製作裁判書者，應送達，反之，無庸送達（§227）。

(四)裁判錯誤的更正

裁判一旦對外生效，也會對法院發生拘束力，稱為裁判自縛性，法院原則不得自行更正，但如有誤寫、誤算或其他類此的顯然錯誤，或其正本與原本不符，而於全案情節與裁判本旨無影響者，法院得依聲請或依職權以裁定更正（§227-1 I），前述裁定抗告得抗告（有例外，參§227-1 III）。

實體裁判與形式裁判

實體裁判

涉及實體法權利義務關係的裁判，也就是涉及被告有無罪、刑度多少的事項者。

形式裁判

涉及程序法權利義務關係的裁判。非實體裁判者，為形式裁判。

「實體判決／形式判決」與「本案判決／非本案判決」綜合比較

本案判決
- 有罪、無罪判決
- 免訴判決

非本案判決
- 不受理判決
- 管轄錯誤判決

實體判決

形式判決

裁判的成立與生效

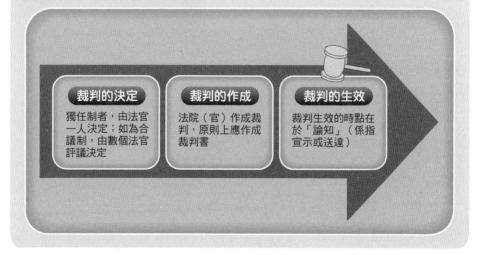

裁判的決定

獨任制者，由法官一人決定；如為合議制，由數個法官評議決定

裁判的作成

法院（官）作成裁判，原則上應作成裁判書

裁判的生效

裁判生效的時點在於「諭知」（係指宣示或送達）

UNIT **3-6**
裁判的確定

(一)裁判的確定

裁判的生效與確定為不同概念,生效後未必立即確定,須視有無聲明不服的管道而定,裁判只有在「不得透過通常程序聲明不服」時才會確定,至於何謂「不得聲明不服」,分述如次:

❶原來即不得聲明不服的裁判

不得聲明不服的裁判是指「不得抗告的裁定」與「不得上訴的判決」,此類裁判於生效時,同時確定:

①不得抗告的裁定

對於判決前關於管轄或訴訟程序之裁定,原則上不得抗告(但有例外,見本法§404)。不得上訴三審的案件,其二審法院所為裁定,亦不得抗告(§405)。

②不得上訴的判決

🅰三審法院所為駁回上訴的判決、撤銷並自為判決者,均為終審判決(§§395～398),不得再上訴。但三審法院撤銷並發回原法院或發交他法院者(§§399～401),審級回復於二審,自得再上訴。

🅱不得上訴於三審法院案件的二審判決(§376)。

🅲不得上訴的再審判決(§437 III)。

❷原來得聲明不服,但後來不得聲明不服者

此種情形是指上訴或抗告已逾期間者(§§349、406、416 III)、捨棄上訴或抗告權者,以及撤回上訴或抗告者(§§359、419)。但必須全部有權聲明不服之人,均不得聲明不服時,才告確定,例如:被告撤回上訴,但檢察官未撤回上訴,則判決還未確定,必須兩造均撤回,始告確定。

(二)判決確定的效力

判決確定後,發生執行力、確定力:

❶執行力

原則上裁判確定後始能執行,但保安處分裁判、或有特別規定者,未確定即可執行(§456)。

❷確定力

①判決確定後,不得再就同一案件重行起訴(一事不再理),此種實體確定力又稱之為既判力。如對確定判決再行起訴者,法院不得再為實體判決,僅能以其「曾經判決確定」為由,諭知免訴判決(§302 ①);如於檢察官偵查階段發現者,則應為不起訴處分(§252 ①)。

②判決中,僅有本案判決才會發生既判力,請參考 Unit3-5。

③涉及被告實體上權利義務關係的實體裁定確定者,有既判力;僅涉及程序事項的程序裁定則無既判力。

(三)確定力的排除

裁判,在不得透過通常程序聲明不服時確定。但如確定裁判有重大違法或事實認定錯誤,允許以非常救濟程序救濟,以排除其既判力,非常救濟程序包括非常上訴、再審、回復原狀。

裁判的確定

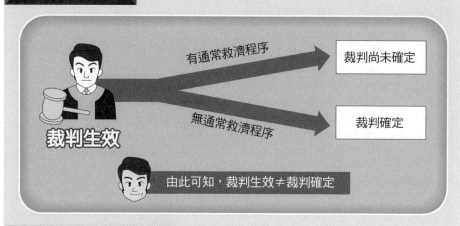

裁判生效 —— 有通常救濟程序 → 裁判尚未確定

裁判生效 —— 無通常救濟程序 → 裁判確定

由此可知,裁判生效 ≠ 裁判確定

裁判確定的效力

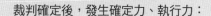

裁判確定後,發生確定力、執行力:

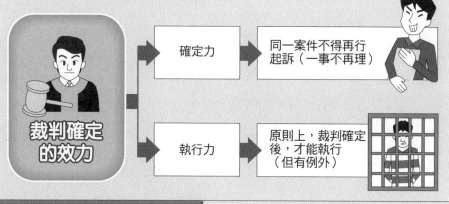

裁判確定的效力 → 確定力 → 同一案件不得再行起訴(一事不再理)

裁判確定的效力 → 執行力 → 原則上,裁判確定後,才能執行(但有例外)

裁判確定效力的排除

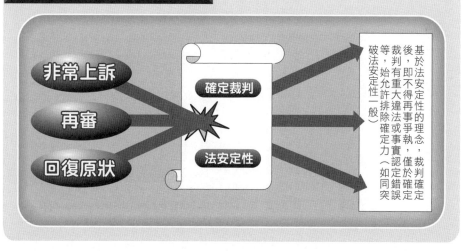

非常上訴

再審

回復原狀

確定裁判

法安定性

基於法安定性的理念,裁判確定後,即不得再事爭執,僅於確定裁判有重大違法或事實認定錯誤,始允許排除確定力(如同突破法安定性一般)等,始允許排除確定力(如同突破

第 **4** 章

強制處分

● 章節體系架構

UNIT 4-1
強制處分的概念

圖解刑事訴訟法

(一)意義

訴訟程序進行中,為保全被告、保全證據、確保訴訟程序順利進行(暫行安置的目的不同於此,而是基於社會安全防護的目的),有時需以必要手段介入,例如:羈押讓被告無法逃匿、搜索讓證據不被毀壞,這些手段即為強制處分。而強制處分例如搜索、扣押、拘提、羈押,發動時都會侵害人民權利。由此可知強制處分共通要素是「侵害人民基本權利」,因此我們說,強制處分就是「為保全被告、保全證據、保全程序進行或基於社會安全的防護,所為的侵害人民基本權利的訴訟行為」。

(二)強制處分的限制

強制處分既為侵害人民基本權利的行為,即應符合憲法「法律保留」及「比例原則」的限制(憲 §23)。法律保留,係指此行為必須有法律依據始得為之。為符合法律保留原則,現今我國刑事訴訟法對於強制處分,大致上均設有規範,早期缺乏法律依據的部分強制處分,如:監聽、強制採樣,如今也已經有明文規範。

比例原則,係指強制處分必須有助於其目的的達成(適當性),在具有同樣效力的數種手段中,應優先採用侵害較小的手段(必要性),且目的達成所獲得的利益,必須大於所侵害的基本權利(衡平性),始得發動強制處分。本法關於強制處分的規定,時常可見比例原則的影子,例如本法第 101 條第 1 項:「被告經法官訊問後,認為犯罪嫌疑重大,而有下列情形之一,非予羈押,顯難進行追訴、審判或執行者,得羈押之……」就隱含適當性以及必要性的理念,為比例原則的體現。又本法強制處分規定中常見「必要」二字,也是比例原則的落實,例如第 90、93、101 之 1、101 之 2、122 條等條文。

(三)強制處分的種類

強制處分依不同的標準,可分類如下:

❶對人的強制處分與對物的強制處分

強制處分如以人為實施對象者,為對人的強制處分;以物為實施對象者,為對物的強制處分。前者例如拘提、逮捕、限制出境、出海、羈押、暫行安置、對人搜索;後者如對物搜索、扣押。

❷有令狀強制處分與無令狀強制處分

以強制處分的發動是否應有「令狀」(即准予執行的書面文件),分為有令狀強制處分與無令狀強制處分。採取令狀主義的強制處分,主要是基於慎重的考量(例如:羈押須押票始得為之),而無令狀者,則多是基於迅速的考量(例如:現行犯的逮捕重在迅速,不要求其耗費時間等待令狀的簽發,故逮捕為無令狀強制處分)。那誰來簽發令狀呢?視強制處分的種類而定,有專屬於法官者(絕對法官保留),例如:羈押、暫行安置、通訊監察、鑑定留置。另有法官、檢察官都可簽發者(相對法官保留),例如:傳喚、拘提等。

強制處分的概念

在訴訟程序進行中，常會有下列阻礙程序進行的因素：

人跑了

被告、證人沒來，開庭開不了

證據被湮滅了

所以我們需要一些措施來防止，而如果所採用的措施，干預人民基本權利者，稱之為強制處分（如果並未干預基本權利，並非強制處分）

強制處分 以拘提、逮捕、限制出境、出海、羈押等，避免人逃跑；以傳喚、拘提、羈押等，避免不來開庭，造成延滯程序；以搜索、扣押等方式避免湮滅證據。

強制處分的限制

憲法第23條的規定

以上各條列舉之自由權利，除為防止妨礙他人自由、避免緊急危難、維持社會秩序或增進公共利益所<u>必要</u>者外，不得以<u>法律</u>限制之。

「以法律」限制之，是指這些限制措施，應有法律之授權作為依據。

要限制人民基本權利者，需符合本條規定。

必要二字，說明這些限制措施，不得過度，亦即應符合「比例原則」。

強制處分的種類

對人的強制處分&對物的強制處分

強制處分為對象為人者，實施對象為人的強制處分，例如：逮捕、拘提。

強制處分實施對象為物者，為對物之強制處分。例如：汽車搜索。

有令狀強制處分&無令狀強制處分

有令狀強制處分重在慎重

無令狀強制處分重在迅速

拘票

UNIT **4-2**
傳喚、通知

　　本單元介紹第一種強制處分：傳喚、通知。

（一）概念

　　傳喚、通知均是使當事人或其他訴訟關係人，於一定期日，到特定處所，接受詢問或其他調查的強制處分，傳喚、通知未到者，即可能面臨下一階段的強制處分—拘提。

（二）傳喚

❶傳喚的令狀

　　①傳喚原則上應用傳票（§71Ⅰ）。例外於被告已到場，經面告以下次應到之日、時、處所及如不到場得命拘提，並記明筆錄者，就發生與送達傳票同一的效力。又如被告以書狀自行陳明屆期到場者，也會發生與送達傳票同一的效力，而無庸以傳票為之（§72）。

　　②傳票的簽發權人：傳票，於偵查中由檢察官簽名，審判中由審判長或受命法官簽名（§71Ⅳ）。令狀簽發權人即為該強制處分的決定權人，因此傳喚於偵查中由檢察官決定，審判中由法官決定。

　　③傳票的記載事項：傳票應記載被告的姓名（或其他足資辨別的特徵）、出生年月日、身分證明文件編號、地址資料、案由、應到的時間及如不到場得命拘提等事項（§71Ⅱ）。

　　④傳喚的時期：Ⓐ對被告的傳喚：對被告的傳喚，其第一次審判期日之傳票，至遲應於七日前送達，但刑法第 61 條的案件，至遲應於五日前送達（§272）。除上述情形以外，傳喚的時期無其他限制；Ⓑ對證人的傳喚：對證人的傳票，至遲應於到場期日二十四小時前送達。但有急迫情形者，不在此限（§175Ⅳ）。

❷傳喚的對象

　　傳喚，得對被告（§71）、證人（§175）、鑑定人（§197）、通譯、自訴人、被害人或其家屬為之。

❸傳喚未到的效力

　　①對被告：被告經合法傳喚，無正當理由不到場者，得拘提之（§75）。

　　②對證人、鑑定人：證人經合法傳喚，無正當理由而不到場者，得科以新臺幣三萬元以下之罰鍰，並得拘提之（§178Ⅰ）。鑑定人得罰鍰，但不得拘提（§197）。

（三）通知

　　第 71 條之 1 第 1 項：「司法警察官或司法警察，因調查犯罪嫌疑人犯罪情形及蒐集證據之必要，得使用通知書，通知犯罪嫌疑人到場詢問。」

❶通知的令狀

　　①通知應以通知書為之。

　　②通知書的簽發權人：通知書，由司法警察機關主管長官簽名（§71-1Ⅱ）。

　　③通知書應記載事項同傳票。

❷通知未到的效力

　　經合法通知，無正當理由不到場者，得報請檢察官核發拘票。

傳喚與通知的區別

	通知	傳喚
目的	使犯罪嫌疑人或證人於一定期日到特定處所接受詢問	使當事人或其他訴訟關係人，於一定期日，到特定處所，接受訊問或其他調查
令狀有無	通知書	❶傳票（§71Ⅰ） ❷面告到場、陳明到場（§72）
發動權人	司法警察機關主管長官	偵查中／檢察官；審判中／法官
未依限到場的效果	得報請檢察官核發拘票，拘提之	被告未到場，得拘提之；證人未到場，得拘提之，或處以罰鍰；鑑定人未到，得處以罰鍰，但不得拘提

傳喚的三種方式

依第71條第1項及第72條的規定，有三種方式會發生傳喚效力：

台南地檢署傳票
被傳喚人：張某（男）
住所：1234號5樓
出生年月日：…
案由：強盜
應到日時處所：…
不到場者，得命拘提

簽發傳票

刑事陳報狀
被告：李某
我會在12月23日自行到庭

陳明到場

面告到場

下次庭期定在本院第3法庭；如不到場，得命拘提。（書記官記明筆錄）10月19日下午3點

通知書

通知書
被通知人：王某（男）
住所：992號7樓
出生年月日：…
案由：強盜
應到日時處所：

第71條之1的通知，只能以通知書的方式為之，不得以口頭為之；固然實務上許多警察會以電話口頭通知犯罪嫌疑人到場，然而如此通知，並不發生第71條之1的效力（亦即不得就此報請檢察官拘提）。

UNIT **4-3**
拘提、逮捕（一）

拘提、逮捕，是指「拘束被告的自由，使其到達一定處所，接受訊問或其他調查的強制處分」。由於拘、捕原則上均不得超過 24 小時，故為短時間拘束人身自由的強制處分。Unit4-3、4-4、4-5 介紹拘提、逮捕的各種態樣與要件。

本法規定的三種拘提：一般拘提（§75）、逕行拘提（§76）、緊急拘提（§88-1），其主要差別在於：❶一般拘提與逕行拘提需以拘票為之，緊急拘提是執行時無庸拘票，事後視情形再補發即可。❷發動的要件不同。❸一般拘提須先經傳喚不到才能拘提，逕行拘提則無庸先經傳喚，緊急拘提也無庸先經傳喚。

（一）一般拘提、逕行拘提

❶一般拘提

一般拘提是指被告經合法傳喚，無正當理由不到場者，所為的拘提（§75）。

①前置程序：須先經過傳喚被告的程序。

②要件：被告經合法傳喚，無正當理由不到場者，始得拘提。

③令狀：拘票

拘提被告，應用拘票（§77 I）。拘票應記載被告姓名（或足資區別的特徵）、年籍地址、案由、拘提的事由、解送處所等資料。

拘票的簽發權人（即為決定權人），偵查中是檢察官，審判中是審判長或受命法官（§77 III）。

❷逕行拘提

逕行拘提是指無庸傳喚而得逕行拘束被告人身自由的強制處分（§§76、116-2 IV、469），有三種情形：

①第 76 條：

Ⓐ要件：

ⓐ須被告犯罪嫌疑重大。

ⓑ須有下述四種情形之一：ⓐ無一定之住居所者；ⓑ逃亡或有事實足認為有逃亡之虞者；ⓒ有事實足認為有湮滅、偽造、變造證據或勾串共犯或證人之虞者；ⓓ所犯為死刑、無期徒刑或最輕本刑為五年以上有期徒刑之罪者。

Ⓒ必要時：需符合比例原則。

Ⓑ令狀：與上述❶③相同。

②第 116 條之 2 第 4 項的情形：被告違反第 116 條之 2 第 1、3 項的防逃事項時，可以逕行拘提之（§116-2 IV），亦應以拘票為之。

③第 469 條第 1 項的情形：沒有被羈押的被告，經法院判決罰金以外之刑（例如死刑、有期徒刑）者，如有第 76 條第 1、2 款的情形，檢察官可以逕行拘提；但判處死刑、無期徒刑或逾二年有期徒刑，而有相當理由認為有逃亡之虞者，可以逕行拘提之（§469 I），亦應以拘票為之。

❸一般拘提與逕行拘提的執行程序

拘提由司法警察（官）執行，執行時應將拘票一聯交被告或家屬。其他執行細節事項，請參照第 78 ～ 83 條規定。

（二）緊急拘提

緊急拘提是指因情況急迫，而有第 88 條之 1 第 1 項法定原因時，無庸簽發拘票（視情形事後補發），逕行拘束被告人身自由的強制處分。

❶要件

緊急拘提，需情況急迫，且有下列情形之一，始能發動：

①因現行犯之供述，且有事實足認為共犯嫌疑重大者。

②在執行或在押中之脫逃者。

③有事實足認為犯罪嫌疑重大，經被盤查而逃逸者。但所犯顯係最重本刑為一年以下有期徒刑、拘役或專科罰金之罪者，不在此限。

④所犯為死刑、無期徒刑或最輕本刑為五年以上有期徒刑之罪，嫌疑重大，有事實足認為有逃亡之虞者。

拘束人身自由的強制處分

拘提、逮捕、羈押、暫行安置、鑑定留置是拘束人身自由的強制處分，而憲法第8條為人身自由的憲法依據，因此涉及拘束人身自由權的議題，便不能不提到此一條文：

憲法第8條第1、2項：「Ⅰ人民身體之自由應予保障。除現行犯之逮捕由法律另定外，非經司法或警察機關依法定程序，不得逮捕拘禁。非由法院依法定程序，不得審問處罰。非依法定程序之逮捕、拘禁、審問、處罰得拒絕之。

Ⅱ人民因犯罪嫌疑被逮捕拘禁時，其逮捕拘禁機關應將逮捕拘禁原因，以書面告知本人及其本人指定之親友，並至遲於二十四小時內移送該管法院審問。本人或他人亦得聲請該管法院，於二十四小時內向逮捕之機關提審。」

就是以憲法第8條為基礎，將拘束人身自由的強制處分，以24小時為分界（另參§93Ⅱ），區分為：

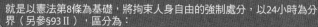

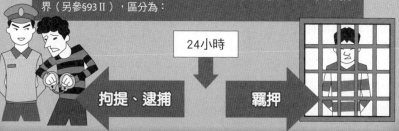

24小時

拘提、逮捕 → **羈押**

三種拘提「發動要件」的比較

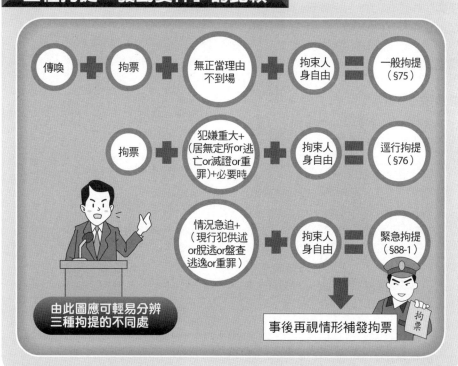

傳喚 ＋ 拘票 ＋ 無正當理由不到場 ＋ 拘束人身自由 ＝ 一般拘提（§75）

拘票 ＋ 犯嫌重大+（居無定所or逃亡or滅證or重罪）+必要時 ＋ 拘束人身自由 ＝ 逕行拘提（§76）

情況急迫+（現行犯供述or脫逃or盤查逃逸or重罪）＋ 拘束人身自由 ＝ 緊急拘提（§88-1）

由此圖應可輕易分辨三種拘提的不同處

事後再視情形補發拘票

UNIT **4-4** 拘提、逮捕（二）

❷緊急拘提的決定權人及執行人

緊急拘提的決定權人為檢察官、司法警察官或司法警察，且這些決定權人，同時是執行人（決定了馬上執行）。

❸緊急拘提的程序（§88-1 Ⅱ、Ⅲ）

①緊急拘提執行時無須拘票，但如司法警察（官）執行後，應即報請檢察官簽發拘票。如檢察官不簽發拘票，應即將被拘提人釋放。至於檢察官親自執行的話，事後是無須開拘票的。

②檢察官、司法警察官或司法警察，依上述規定拘提犯罪嫌疑人者，應即告知本人及其家屬，得選任辯護人到場。

（三）逮捕

逮捕是一種無需令狀，即可短時間拘束人身自由，強制被告到特定處所接受訊問等偵查活動的強制處分。由此可知，逮捕與拘提最大的差別在於逮捕無需令狀，拘提則須拘票始得為之。

❶逮捕的令狀

無。

❷逮捕的種類

本法規定，逮捕有三類：現行犯的逮捕、通緝犯的逮捕、為羈押目的的逮捕。

①現行犯的逮捕

Ａ現行犯：現行犯是指「犯罪在實施中或實施後被人即時發覺者」（§88 Ⅱ），由於現行犯在犯罪實施時、或實施後，國家機關往往不及介入，為避免犯罪損害繼續擴大，及時救助他人，本法賦予「任何人」逮捕現行犯的權利，因此本法第88條第1項規定：「現行犯，不問何人得逕行逮捕之。」另一方面，為避免賦予人民過大的逮捕權限，而遭到濫用，必須限於犯罪中或犯罪後「即時發覺」者，始得加以逮捕，亦即，犯罪的時間與逮捕的時間必須相當密接者，才符合要件。

Ｂ準現行犯：除這種「犯罪在實施中或實施後被人即時發覺者」的現行犯以外，有二種情形在本法是當作現行犯一般地處理的，此即「準現行犯」：「一、被追呼為犯罪人者。二、因持有兇器、贓物或其他物件或於身體、衣服等處露有犯罪痕跡，顯可疑為犯罪人者。」（§88 Ⅲ），既然是當作現行犯一般地處理，任何人也可以逮捕準現行犯。比較現行犯與準現行犯的法條定義（§88 Ⅱ、Ⅲ），我們可以發現「準現行犯」少了「即時」二個字，看似不要求犯罪與逮捕之間的「即時」性，就算已距離一段時間也可以逮捕，早期實務見解，如大法官解釋釋字第90號就較偏向此種見解。但如此一來，會使逮捕權限過度濫用，因此最高法院102年度台上字第447號判決在準現行犯的逮捕上，外加了一個要件，要求「準現行犯之逮捕，在時間上須與犯罪行為終了有相當之密接性」，這是較近期的實務見解。

三種拘提的決定權人之比較

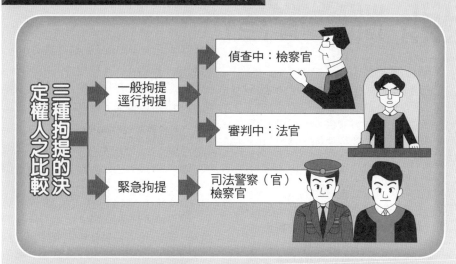

三種拘提的決定權人之比較
- 一般拘提 遲行拘提
  - 偵查中：檢察官
  - 審判中：法官
- 緊急拘提
  - 司法警察（官）、檢察官

現行犯、準現行犯

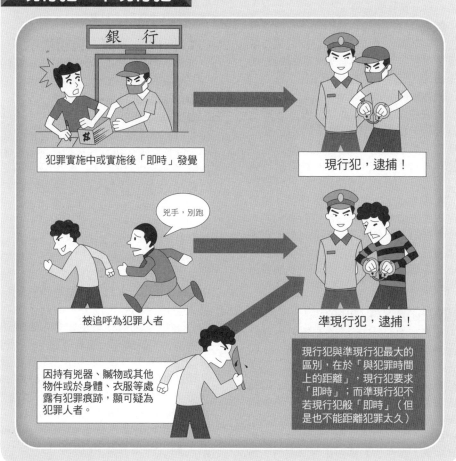

銀 行

犯罪實施中或實施後「即時」發覺

現行犯，逮捕！

兇手，別跑

被追呼為犯罪人者

準現行犯，逮捕！

因持有兇器、臟物或其他物件或於身體、衣服等處露有犯罪痕跡，顯可疑為犯罪人者。

現行犯與準現行犯最大的區別，在於「與犯罪時間上的距離」，現行犯要求「即時」；而準現行犯不若現行犯般「即時」（但是也不能距離犯罪太久）

UNIT *4-5*
拘提、逮捕（三）

②通緝犯的逮捕

本法第 87 條規定，通緝經通知或公告後，檢察官、司法警察官得拘提被告或逕行逮捕之。利害關係人，亦得逕行逮捕通緝的被告。此種逮捕，稱為通緝犯的逮捕。

A通緝：通緝，是指對犯罪嫌疑重大，而逃匿的被告，以公告周知的方式，使偵查機關或利害關係人得知，並得加以拘提或逮捕的強制處分。通緝因對被告的名譽侵害較大，發動權人僅限於檢察長、檢察總長（偵查中）、法院院長（審判中），且需以通緝書為之（§85），屬於有令狀強制處分。

B通緝犯的逮捕：通緝經通知或公告後，檢察官、司法警察官得拘提被告或逕行逮捕之。利害關係人，亦得逕行逮捕通緝之被告（§87 I、II）。

③為羈押目的的逮捕

偵查中的羈押，以「拘提、逮捕」為前提，檢察官不得對未經拘、捕之被告，聲請羈押。但有時檢察官有必要對被傳喚或自行到場（就是未經拘提、逮捕）的被告聲請羈押，此時該如何處理？為此，本法第 228 條第 4 項規定，被告經傳喚、自首或自行到場者，檢察官如認為有羈押必要者，得予當場逮捕，並將逮捕所依據之事實告知被告後，聲請法院羈押之。此即「為羈押目的的逮捕」。

（四）拘提、逮捕的限制

我們在 Unit4-1 提到強制處分應遵守比例原則，拘提、逮捕當然不例外，因此，本法規定，執行拘提或逮捕，應注意被告之身體及名譽（§89 I）；拘提或解送過程，得使用戒具。但不得逾必要的程度。執行時，並應注意被告或犯罪嫌疑人的身體及名譽，避免公然暴露其戒具；認已無繼續使用之必要時，應即解除（§89-1）。又被告抗拒拘提、逮捕或脫逃者，得用強制力拘提或逮捕之。但不得逾必要之程度（§90）。

（五）拘提、逮捕程序

公民與政治權利國際公約規定，逮捕被告時，應踐行告知義務；我國舊法第 95 條，則是在訊問被告時始須盡告知義務，109 年 1 月 15 日修正第 89 條，將告知義務提前到拘捕時：「執行拘提或逮捕，應當場告知被告或犯罪嫌疑人拘提或逮捕之原因及第九十五條第一項所列事項，並注意其身體及名譽。前項情形，應以書面將拘提或逮捕之原因通知被告或犯罪嫌疑人及其指定之親友。」

（六）拘提、逮捕之後續程序

拘提、逮捕被告以後，都有「人要送到哪裡」的問題，就此，本法規定：

❶民眾執行逮捕者，送交檢警（§92 I）。

❷警察拘捕者，解送檢察官、法院（§91）（應注意者，解送有個前提要件，就是必須先經拘提、逮捕被告，才能解送，§229 III）。

❸檢察官拘捕者，向法院聲請羈押或釋放（§93 II、III）。又須注意，在這個過程中，檢察官才有釋放被告的權利，警察除非是抓到錯誤的人，或是符合法定要件並經檢察官同意者，始得釋放被告以外，是沒有釋放權的（§§92 II、88-1 II）。再來，拘捕是短時間拘束人身自由的強制處分，原則上要在 24 小時內交由檢察官決定是否聲請法院羈押，不聲請者，僅剩釋放一途（包含交保釋放），這 24 小時又是檢、警共用的時間（實務上的習慣是警察 16 小時，檢察官 8 小時），因此時間緊迫，拘捕到場後必須即時訊問（§93 I），時間才來得及（另參第 93 條之 1 之不計入 24 小時的障礙事由規定）。

通緝

「通緝」的要件為：❶犯罪嫌疑重大；❷逃匿。而通緝是要式強制處分，必須用通緝書（偵查中由檢察長或檢察總長、審判中由法院院長簽名）。最後，要依第86條的規定「以通緝書通知附近或各處檢察官、司法警察機關；遇有必要時，並得登載報紙或以其他方法公告之。」而現在實務公告的方式，多係在網站上公告。

犯罪嫌疑重大
＋
逃匿
＋
通緝書

被告經通緝後，檢察官、司法警察官得拘提被告或逕行逮捕之；利害關係人亦得逕行逮捕被告。

為羈押目的的逮捕

被告經傳喚、自首或自行到場

地檢署

被告如果是在「未受拘提、逮捕」的情況下到案，而由於偵查中羈押的聲請，需符合拘捕前置原則，因此賦予檢察官逕行逮捕的權限，以便後續聲請羈押。

拘提、逮捕後續程序

拘提、逮捕到案的被告，應何去何從？原則上，是這樣的順序：

但是，未必所有拘捕都是從警察開始的，亦有可能是檢察官執行拘、捕，那麼就會呈現此種順序：

而如果是民眾逮捕被告的話，可交給警察或檢察官，因此順序是這樣的：

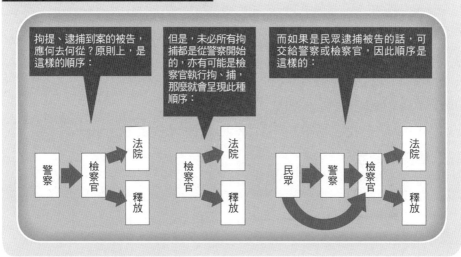

UNIT **4-6** 羈押總論

(一)羈押的概念

❶羈押,是指為避免被告逃匿、避免證據被湮滅,確保程序的順利進行,將被告拘束於一定處所的強制處分。由此可知羈押的目的在於保全被告、保全證據、保全程序的進行。

❷羈押分為一般羈押(§101)、預防性羈押(§101-1)。「一般羈押」的羈押原因有三:被告逃亡、串供滅證、重罪者,前二者符合羈押目的的,重罪羈押則被認為不符羈押目的(因為重罪者未必會逃亡、滅證),終遭大法官以合憲性解釋限縮該事由的適用範圍;預防性羈押則向來遭學者批評,認為不符羈押的目的。

❸羈押是長時間拘束人身自由的強制處分,拘提、逮捕則是短時間拘束人身自由的強制處分。因此,如有長時間拘束被告的需要,檢察官必須向法院聲請羈押被告。

(二)羈押的前置程序——拘捕前置

偵查中的羈押由檢察官聲請法院決定之,審判中的羈押,則由法院依職權決定,不待檢察官聲請。而偵查中的羈押有一個重要的原則,即為「拘提、逮捕前置原則」,係指檢察官聲請羈押前,須曾經對被告有合法拘捕,才能聲請羈押。

(三)羈押的令狀

羈押是對人民權利侵害較大的強制處分,故應以令狀為之,此令狀稱之為「押票」,應由法院(官)簽名。押票上應記載被告姓名、年籍地址、案由及觸犯法條、羈押原因、處所、期間、救濟方法等事項(§102)。

(四)羈押的聲請與決定權人

❶偵查中羈押

①聲請權人:檢察官。

於偵查中,檢察官有聲請羈押之權限,並有聲請撤銷羈押、延長羈押、繼續羈押、停止羈押之權。

②決定權人:法院(官)

有權在令狀上簽名的人就是決定權人,本法規定,惟有法院(官)有權決定羈押,採「絕對法官保留」原則。

❷審判中羈押

審判中檢察官無羈押相關處分的聲請權。法院(官)不待檢察官的聲請,得自行依職權決定。

小博士解說

檢察官在審判中無羈押相關處分的聲請權,但可否提起救濟呢?有學者認為,檢察官既然無聲請權,就無救濟權,但實務上認為,檢察官在起訴後仍為當事人,自得提抗告或準抗告救濟。在實例上,民國 101 年間,前行政院林姓秘書長因涉嫌貪污案而遭羈押。案經檢察官偵查終結並起訴,法院開羈押庭決定是否續押後,法官決定准予林姓被告以 5000 萬交保釋放,檢察官不服提起準抗告救濟,即為適例。

羈押的目的

刑事訴訟程序的各個程序，其制度目的，均相當重要，而羈押的制度目的，因為羈押程序中的許多爭議，均須回溯至目的，始能解決，而羈押的目的如右所示：

將人
羈押起來

可以避免被告逃匿

可以避免證據被湮滅

可以確保程序的順利進行

羈押的種類

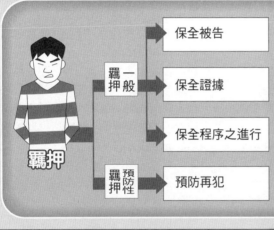

羈押

一般
羈押

保全被告

保全證據

保全程序之進行

預防性
羈押

預防再犯

羈押有二種：一般羈押（§101 I）、預防性羈押（§101-1 I）。一般羈押的目的，與羈押的目的相符（即保全被告、保全證據、保全程序之進行，請參照上一個圖）；預防性羈押的目的在於預防再犯。有學者認為預防性羈押不符合羈押制度的目的。

拘捕前置、羈押令狀、聲請權人、決定權人

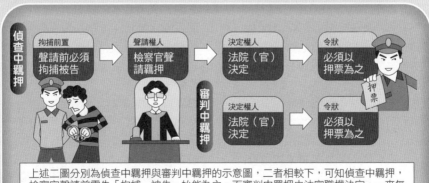

偵查中羈押

拘捕前置
聲請前必須拘捕被告

聲請權人
檢察官聲請羈押

決定權人
法院（官）決定

令狀
必須以押票為之

審判中羈押

決定權人
法院（官）決定

令狀
必須以押票為之

上述二圖分別為偵查中羈押與審判中羈押的示意圖，二者相較下，可知偵查中羈押，檢察官聲請前需先「拘捕」被告，始能為之，而審判中羈押由法官職權決定，一來無需檢察官之聲請，二來亦無拘捕前置原則的適用。但是，不論偵查中羈押或審判中羈押，均有令狀之要求，亦即必須以押票為之。

UNIT **4-7**
羈押的要件

要合法地羈押被告，首先，程序上必須要①經法官訊問（§§101Ⅰ、101-1Ⅰ）；②以令狀為之；③偵查中必須具備拘捕前置。再者，被告還必須要符合羈押三要件：被告犯罪嫌疑重大、有羈押原因、有羈押必要。

❶犯罪嫌疑重大

羈押對被告的人身自由干預程度較大，發動的嫌疑門檻較高，須達到嫌疑重大的程度（見§§101Ⅰ、101-1Ⅰ），此與一般強制處分通常要求「相當理由」的程度相比，明顯較高。

❷羈押原因

①一般羈押的羈押原因

Ⓐ逃亡或有事實足認為有逃亡之虞者。

Ⓑ有事實足認為有湮滅、偽造、變造證據或勾串共犯或證人之虞者。

Ⓒ所犯為死刑、無期徒刑或最輕本刑為五年以上有期徒刑之罪者。

第Ⓒ款稱為「重罪羈押」，依文義，似乎被告僅須涉犯重罪，就可以羈押，然因羈押制度的目的在於保全被告、保全證據，涉犯重罪者未必皆有逃亡、滅證之虞，因此，釋字第665號解釋認為，如僅以「重罪」為由發動羈押，有違憲之虞，因為：ⓐ單以重罪為羈押事由，有違羈押之目的；ⓑ影響被告行使防禦權、使被告陷於武器不平等，可能違背比例原則；ⓒ羈押影響人民之自由、名譽權甚鉅，僅因被告有犯罪嫌疑即施予被告類似刑罰之措施，有違無罪推定原則。因此，本款不得作為羈押之「唯一原因」，必須搭配同條第Ⓐ款或第Ⓑ款之原因，始得為之。

②預防性羈押的羈押原因

Ⓐ預防性羈押是對某些再犯率較高，且有再犯之虞的被告，所施予的羈押，

第101條之1第1項就此規定：「被告經法官訊問後，認為犯下列各款之罪，其嫌疑重大，有事實足認為有反覆實施同一犯罪之虞，而有羈押之必要者，得羈押之……」所指各款犯罪是指放火罪、失火罪、準放火罪、劫持交通工具罪、強制性交罪、加重強制性交罪、強制猥褻罪、加重強制猥褻罪、乘機性交猥褻罪、強制性交猥褻之結合罪、與幼年男女性交猥褻罪、殺人罪、殺人未遂罪、殺直系血親尊親屬罪、傷害罪、重傷罪、性騷擾防治法第25條第1項之罪、買賣人口罪、移送被略誘人出國罪、私行拘禁罪、強制罪、恐嚇危害安全罪、竊盜罪、搶奪罪、強盜罪、加重強盜罪、強盜結合罪、海盜結合罪、詐欺罪、加重詐欺罪、恐嚇取財罪、擄人勒贖罪、擄人勒贖結合罪、準擄人勒贖罪、槍砲彈藥刀械管制條例第7條、第8條之罪、毒品危害防制條例第4條第1項至第4項之罪、人口販運防制法第34條之罪等。

Ⓑ預防性羈押的目的不在保全被告、保全證據，而在預防再犯，因而遭致學者批評，認為違反羈押的目的，而且在被告被法院判決有罪確定之前，即以被告有再犯之虞羈押起來，也違反無罪推定原則。但在修法之前，法院仍得依本條羈押被告。

❸羈押必要

第101條第1項規定：「……非予羈押，顯難進行追訴、審判或執行者，得羈押之」，第101條之1第1項規定：「……而有羈押之必要者，得羈押之。」上開規定都表達了「無其他侵害較小，且同等有效的方法可用時，才能羈押」的意思，此為憲法比例原則的體現。

羈押三要件

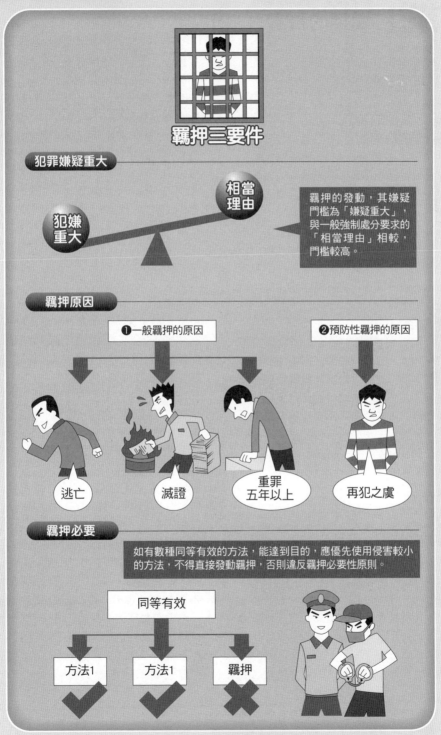

羈押三要件

犯罪嫌疑重大

相當理由

犯嫌重大

> 羈押的發動，其嫌疑門檻為「嫌疑重大」，與一般強制處分要求的「相當理由」相較，門檻較高。

羈押原因

❶一般羈押的原因　　　　　　　　❷預防性羈押的原因

逃亡　　　滅證　　　重罪五年以上　　　再犯之虞

羈押必要

> 如有數種同等有效的方法，能達到目的，應優先使用侵害較小的方法，不得直接發動羈押，否則達反羈押必要性原則。

同等有效

方法1　　　方法1　　　羈押

UNIT **4-8**
羈押的審查

檢察官向法院提出聲請後，法院應如何審查羈押？審查結果如何？以下介紹之。

（一）羈押的審查

❶到場的參與者

法院審查羈押，應訊問被告，故被告必須在場。又為保障被告的辯護權，辯護人可在場。而檢察官是否應到場？學者認為檢察官為偵查主導者，自應到場。但是本法第101條第2項規定，檢察官「得」到場陳述聲請羈押的理由及證據；只有在檢察官認為卷證應限制或禁止被告及辯護人獲知時，才「應」到場敘明理由。

❷訊問被告

法院接受羈押之聲請，付與聲請書的繕本後，應即時訊問。但至深夜仍未訊問完畢，被告、辯護人及得為被告輔佐人之人得請求法院於翌日日間訊問。法院非有正當理由，不得拒絕，深夜始受理聲請者，應於翌日日間訊問（§93 V）。又所稱深夜，指午後11時至翌日午前8時。

❸告知義務

法院在羈押審查時，除了依第93條第2項應禁止獲知的卷證外，應將檢察官聲請羈押所依據的事實、各項理由的具體內容及有關證據，告知被告及其辯護人，並記載於筆錄（§101 III）。

❹審理的原則

①言詞審理：審理羈押，應以言詞審理為之。

②公開審理？

Ⓐ偵查中的羈押審查，不公開審理，以符合偵查不公開原則。

Ⓑ審判中的羈押審查，原則上應公開審理。

Ⓒ自由證明：羈押審查並非審理被告的犯罪與刑罰等實體事項，故不以嚴格證明為必要，僅以自由證明為已足。

❺審理結果

法院審理結果，不外是准予羈押、命具保、責付、限制住居後釋放、駁回聲請等三種情形：

①准予羈押：法院認為被告符合羈押要件，得准予羈押。准予羈押的形式，在實務上可能是由「法院」以「裁定」的方式為之；也可能是由「個別法官」以「處分」的方式為之。而當事人如對「裁定」不服，應提起抗告以救濟之；對「處分」不服，提起準抗告救濟之。

②不准予羈押，而命具保、責付或限制住居：Ⓐ法官如認為具備羈押原因，而無羈押必要者，得命具保、責付或限制住居等替代處分（§101-2），此處應注意的是，如果被告連羈押原因都不具備，不僅不能羈押，連替代處分也不能做；Ⓑ如果被告有第114條各款所定情形之一者，原則上是不得羈押的，只有被告不能具保、責付或限制住居，始得羈押之（§101-2）。第114條三款情形分別為：「一、所犯最重本刑為三年以下有期徒刑、拘役或專科罰金之罪者。但累犯、有犯罪之習慣、假釋中更犯罪或依第一百零一條之一第一項羈押者，不在此限。二、懷胎五月以上或生產後二月未滿者。三、現罹疾病，非保外治療顯難痊癒者。」

③駁回羈押之聲請：不合法或不符要件之羈押聲請，法院應駁回之，並當庭釋放被告。

羈押審查的參與者及審理原則

法官
（審理者）

我沒有逃亡之虞

應羈押被告

自由證明

言詞審理原則

由上圖可知，羈押審查的三面關係，以及審查時採言詞審理原則、自由證明法則，法官並應訊問被告。

辯護人　被告

檢察官

羈押審查結果

	要件	效力
准予羈押	符合羈押三要件：犯罪嫌疑重大、有羈押原因、有羈押必要	核發押票（此為裁定或處分的性質），羈押被告
不准羈押，而命具保、責付或限制住居	有羈押原因，但無羈押必要	具保、責付或限制住居後釋放被告
駁回羈押之聲請	聲請不合法，或不符羈押要件，駁回聲請	駁回聲請後，釋放被告

UNIT **4-9**
羈押的執行、限制與救濟

圖解刑事訴訟法

（一）羈押的執行

羈押的執行主要規定於第 103 條到第 106 條，這幾條規定了羈押的執行者、執行處所、押票送達的對象、強制力的施用、變更羈押處所等細節以外，有一件事值得特別一提，就是第 105 條的規定，本條規定如下：

❶管束羈押之被告，應以必要者為限（第 1 項）。

❷被告得自備飲食及日用必需物品，並與外人接見、通信、受授書籍及其他物件。但押所得監視或檢閱之（第 2 項）：本項是被告接見通信權的規定。

❸法院認被告為前項之接見、通信及受授物件有足致其脫逃或湮滅、偽造、變造證據或勾串共犯或證人之虞者，得依檢察官之聲請或依職權命禁止或扣押之。但檢察官或押所遇有急迫情形時，得先為必要之處分，並應即時陳報法院核准（第 3 項）：本款情形，一般俗稱為「收押禁見」，如法院認為被告與外人的接見通信可能使被告脫逃或串證滅證，法院可以禁止接見通信或扣押其通信、物件。而檢察官原則上僅得向法院聲請，不得自行決定，僅於急迫時，得先為必要處分。

❹依前項所為之禁止或扣押，其對象、範圍及期間等，偵查中由檢察官；審判中由審判長或受命法官指定並指揮看守所為之。但不得限制被告正當防禦之權利（第 4 項）。

❺被告非有事實足認為有暴行或逃亡、自殺之虞者，不得束縛其身體。束縛身體之處分，以有急迫情形者為限，由押所長官行之，並應即時陳報法院核准（第 5 項）。

（二）羈押的限制

羈押與拘提、逮捕都是拘束人身自由的強制處分，執行上的限制也有部分雷同，因此第 103 條第 3 項準用了第 89、90 條的規定，羈押執行上也須注意被告的名譽、強制力的施用也受有限制。

（三）羈押的救濟

❶一般救濟途徑

羈押的一般救濟途徑為抗告、準抗告（§§403、404、416）。

❷特別救濟途徑

特別救濟途徑是指被告、辯護人、得為被告輔佐之人得向法院聲請撤銷、停止羈押（§§107 II、110 I）。

🙂小博士解說

在新聞中常出現的「收押禁見」四個字，就是法院依第 105 條第 3 項規定，禁止被告與外人接見、通信的處分，但是眼尖的人或許會發現，為什麼禁見了以後，還是經常看到「某某律師接見被告」的報導？這是因為第 105 條第 3 項的禁見，是禁見「辯護人以外」的人，法院如果連辯護人都要禁見的話，便須依第 34 條第 1 項的規定為之（見 Unit2-6），第 34 條是專對辯護人的禁見而設，但因接見權是律師辯護時很倚重的權利，法院在決定禁見辯護人時，自然受到較嚴格的限制。

羈押的執行人員與押票的出示

法官或檢察官指揮執行人員（司法警察）執行羈押，又持有押票始得執行羈押（令狀原則），此押票並需分送於檢察官、看守所、辯護人、被告及其指定之親友

押票分送

檢察官
看守所
辯護人
被告及其指定之親友

羈押被告的接見通信權

被告可以與外人接見，通信、受授書籍及其他物件，但如有足致其脫逃或湮滅、偽造、變造證據或勾串共犯或證人之虞者，法院得禁止或扣押之（收押禁見）。

接見外人

與外人通信

羈押的救濟

羈押裁定（或處分）作成後，有10日的救濟期間，此時救濟程序為抗告（或準抗告）；如果救濟期間已過，或救濟失敗，裁定（或處分）確定，此時可依「特別救濟程序」（聲請撤銷、停止羈押）加以救濟。

羈押的一般救濟	由法院以裁定為之	提起「抗告」救濟
	由法官以處分為之	提起「準抗告」救濟
羈押的特別救濟	聲請撤銷羈押	
	聲請停止羈押	

UNIT 4-10
羈押的期間與延長、撤銷羈押

圖解刑事訴訟法

(一)羈押的期間與延長

一旦羈押了被告，就會有「什麼時候放出來」，以及「是否繼續押」的問題，亦即羈押期間、延長羈押的問題：

❶原則

羈押被告，偵查中不得逾 2 月，審判中不得逾 3 月。但有繼續羈押之必要者，得延長羈押（§108 I）。

❷羈押期間的延長（延押）

①延押審查

期間即將屆滿，有繼續羈押之必要者，法院得依第 101 條、第 101 條之 1 規定，訊問被告後延長之（§108 I），應注意者，延押審查時，法院仍必須依各該羈押的要件，重新審查一次。

②延押期間

🅐延長羈押期間，偵查中不得逾 2 月，以延長一次為限。審判中每次不得逾 2 月，如所犯最重本刑為 10 年以下有期徒刑以下之刑者，第一審、第二審以三次為限，第三審以一次為限（§108 V）。而如所犯最重本刑為死刑、無期徒刑或逾有期徒刑 10 年者，第一審、第二審以六次為限，第三審以一次為限（刑事妥速審判法第 5 條）。

🅑延押次數固然有審級的限制，但依本法第 108 條第 6 項的規定「案件經發回者，其延長羈押期間之次數，應更新計算。」可以讓案件被發回後，重新計算次數。又依刑事妥速審判法第 5 條第 3 項之規定，審判中的羈押總期間，累計不得逾 5 年。

③延押必須來得及

如法院決定延押，於裁定正本送達被告時發生延長的效力。如果期滿時，延押裁定未經合法送達者，視為撤銷羈押（§108 II）。

(二)撤銷羈押

撤銷羈押是指因法院裁定或法定的原因，而去除羈押效力之意。羈押經撤銷者，應釋放被告。

撤銷羈押可分為「裁定撤銷羈押」及「視為撤銷羈押」，前者須法院作出裁定，才能撤銷羈押，後者是法定事實發生時，不用法院作成裁定，即發生撤銷羈押的效力：

❶裁定撤銷羈押（§107）

①羈押原因消滅時，被告、辯護人、得為被告輔佐之人、偵查中的檢察官可向法院聲請撤銷羈押，法院也可未經聲請，依職權撤銷羈押。

②如果在偵查中，檢察官聲請撤銷押者，法院應撤銷羈押，檢察官得於聲請時先行釋放被告。

❷視為撤銷羈押

視為撤銷羈押的情形有五：

①羈押期滿（§108 II、VII）。

②案經上訴，被告羈押期間已逾原審判決刑期（§109）。

③被告受不起訴（緩起訴）處分者（§259）。

④被告經無罪、免訴、緩刑、罰金或易以訓誡或第 303 條第 3、4 款之不受理判決者，視為撤銷羈押。但上訴期間或上訴中，得命具保、責付或限制住居，並準用§116-2 之規定；如不能具保、責付或限制住居，而有必要者，得繼續羈押之（§316）。

⑤羈押總期間滿 5 年，仍未判決確定者，視為撤銷羈押，法院應將被告釋放（刑事妥速審判法第 5 條）。

偵查中的羈押期間

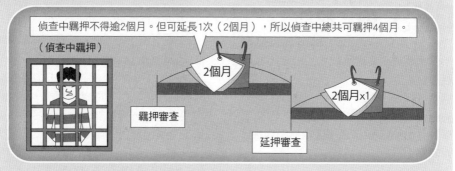

偵查中羈押不得逾2個月。但可延長1次（2個月），所以偵查中總共可羈押4個月。

（偵查中羈押）

2個月

2個月x1

羈押審查

延押審查

審判中的羈押期間

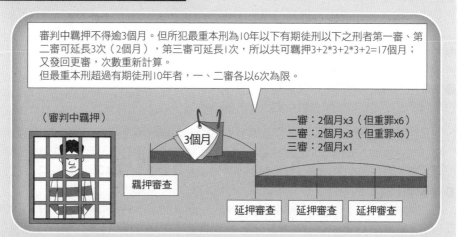

審判中羈押不得逾3個月。但所犯最重本刑為10年以下有期徒刑以下之刑者第一審、第二審可延長3次（2個月），第三審可延長1次，所以共可羈押3+2*3+2*3+2=17個月；又發回更審，次數重新計算。
但最重本刑超過有期徒刑10年者，一、二審各以6次為限。

（審判中羈押）

3個月

一審：2個月x3（但重罪x6）
二審：2個月x3（但重罪x6）
三審：2個月x1

羈押審查

延押審查　延押審查　延押審查

撤銷羈押

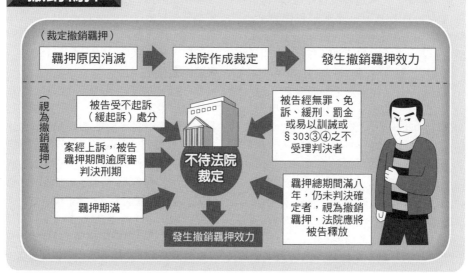

（裁定撤銷羈押）

羈押原因消滅 → 法院作成裁定 → 發生撤銷羈押效力

（視為撤銷羈押）

被告受不起訴（緩起訴）處分

案經上訴，被告羈押期間逾原審判決刑期

羈押期滿

不待法院裁定

被告經無罪、免訴、緩刑、罰金或易以訓誡或§303③④之不受理判決者

羈押總期間滿八年，仍未判決確定者，視為撤銷羈押，法院應將被告釋放

發生撤銷羈押效力

UNIT **4-11** 停止羈押

停止羈押，係指羈押原因仍在，但無羈押之必要，法院改命具保、責付、限制住居為替代手段，而停止羈押之執行的處分。應注意，如果連羈押原因都不存在時，應依第107條第1項撤銷羈押，而非停止羈押。

（一）聲請停止羈押（§110）

❶停止羈押的事由發生時，被告及得為其輔佐人之人或辯護人，得隨時具保（俗稱交保），向法院聲請停止羈押。

❷檢察官在偵查中也可以聲請法院命被告具保停止羈押。

❸如未經上開之人聲請，法院發現被告已無羈押必要，亦得依職權停止羈押。

（二）法院的審查

對依法聲請停止羈押者，法院的審查程序如下：

❶准予停止羈押

①法院經審查，如認為沒有羈押必要，應准予停押。法院許可停押時，應命提出保證書，並指定相當的保證金額（此即具保），保證書以該管區域內殷實之人所具者為限，並應記載保證金額。但如已由被告或他人繳納指定的保證金額者，免提出保證書（§111）。

②停止羈押，得限制被告住居（§116），以往實務上並認為此一處分，可以進一步限制被告出境，以免被告潛逃出國。但是，限制住居與限制出境、出海，在文義上仍有些差距，立法者為了讓限制出境（海）有明確規定可遵循，在108年6月19日修正公布第93條之2～第93條之6，填補了此部分的空缺。又限制住居與具保並非擇一的措施，法院可以同時使用。

③法院許可停止羈押時，得依第116條之2的規定，命被告應遵守一些事項，例如：定期向法院、檢察官或指定的機關報到、不得恐嚇、騷擾、接觸、跟蹤特定人、因保外就醫而停押者，不得從事與治療目的顯然無關之活動，以及其他法院認為適當的事項等。而108年7月17日修正第116條之2，又增加一些防止被告逃匿的措施（新聞稱之為防逃法案）：使被告接受適當之科技設備監控、未經法院或檢察官許可，不得離開住、居所或一定區域、被告的護照及旅行文件受一定限制、未經法院或檢察官許可，不得就特定財產為一定之處分。上述事項，法院可以依聲請或依職權，變更處分的內容或延長、撤銷之。在審判中許可停止羈押者，法院可以命被告在宣判期日到庭。被告有違反上述應遵守事項的情形時，可以逕行拘提之。

④許可停止羈押的聲請者，應於接受保證書或保證金後，停止羈押，將被告釋放（§113）。

⑤羈押的被告，得不命具保而責付於得為其輔佐人之人或該管區域內其他適當之人，停止羈押。惟責付在實務上極少運用，還是以具保居多（§115）。

❷駁回聲請

法院如認為仍然有羈押被告的必要者，駁回聲請。但如被告有下列情形之一，法院不得駁回其聲請（§114）：

①所犯最重本刑為三年以下有期徒刑、拘役或專科罰金之罪者（但如果被告是累犯、有犯罪之習慣、假釋中更犯罪或依第101條之1第1項羈押之情形，不在此限）。

②懷胎5月以上或生產後2月未滿者。

③現罹疾病，非保外治療顯難痊癒者。

停止羈押與裁定撤銷羈押的區別

我們在Unit4-10學習撤銷羈押的事由，其中「裁定撤銷羈押」是指羈押的原因已不存在，而由法院裁定撤銷羈押者而言；其與停止羈押的區別如下：

區別一：羈押原因是否還在？

①犯罪嫌疑重大

②羈押原因

③羈押必要

羈押三要件

羈押被告，必須具備①②③的要件，缺一不可。如果具備①，但缺少②羈押原因（此時當然也會缺少③羈押必要），法院應裁定撤銷羈押。

如果具備①嫌疑重大、②羈押原因，但缺少③羈押必要，法院僅得以具保等替代手段，不得羈押，如已羈押，應停止羈押。

由此可知，停止羈押與撤銷羈押主要區別在於，停止羈押時，羈押原因仍在，撤銷羈押則已無羈押原因。

區別二：原羈押裁定效力是否仍在？

停止羈押　原羈押裁定　➡　PAUSE

裁定仍在，僅係效力停止

撤銷羈押　原羈押裁定　➡　✗ 原羈押裁定

原羈押裁定已被撤銷而效力已不存在

停止羈押的程序

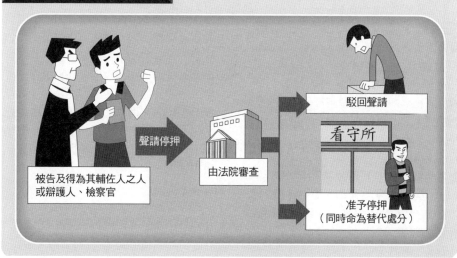

被告及得為其輔佐人之人或辯護人、檢察官　─聲請停押→　由法院審查　→　駁回聲請

看守所

准予停押（同時命為替代處分）

再執行羈押

再執行羈押,是指對停止羈押的被告,因法定原因而重予羈押。

(一)再執行羈押的原因

停止羈押後有下列情形之一者,得命再執行羈押(§117):

❶ 經合法傳喚無正當之理由不到場者。

❷ 違背限制住居處分者。

❸ 本案新發生第 101 條第 1 項、第 101 條之 1 第 1 項各款所定情形之一者。

❹ 違背法院依前條所定應遵守之事項者。

❺ 依第 101 條第 1 項第 3 款以重罪為由而羈押的被告,因為有第 114 條第 3 款的事由保外就醫停止羈押,其後停止羈押的原因已消滅,而仍有羈押之必要者。

(二)再執行羈押的效力

再執行羈押其實是將先前停止的羈押,再予執行,因此,再執行羈押,其期間應與停止羈押前已經過之期間合併計算。

(三)免予羈押與停止羈押的比較

❶ 此處我們將比較「免予羈押/改命羈押」,與「停止羈押/再執行羈押」這二組概念。如 Unit4-11 及本單元的說明,停止羈押是指已裁定准許並已執行的羈押,因已無羈押必要,法院停止羈押而言,而再執行羈押則是讓已經停止的羈押再執行之意。

❷ 免予羈押則是指檢察官依第 93 條第 3 項、第 228 條第 4 項,或法院依第 101 條之 2,直接命被告具保、責付或限制住居者而言。免予羈押時,未曾有過准予羈押的裁定,停止羈押則是曾

被裁定准予羈押,後來停止執行。至於改命羈押,則是指免予羈押後,被告發生第 117 條的情形,法院即得命羈押(§117-1 I)。

小博士解說

繼續羈押制度

羈押制度有許多容易混淆的名詞,像是上述的免予羈押/改命羈押、停止羈押/再執行羈押、撤銷羈押等等,讀者應詳予分辨。此處要以實際案例解說另一制度—繼續羈押。

依 Unit4-10,有一種視為撤銷羈押的原因是「羈押期滿」,依第 108 條第 2 項的規定羈押期滿,延長羈押之裁定未經合法送達者,視為撤銷羈押。於民國 95 年間,發生多起法院因延長羈押裁定未送達被告,或疏未注意羈押期限已到而未延長羈押,發生「視為撤銷羈押」的效力,最後不得不依同條第 7 項規定釋放被告的情形,此情形經媒體大幅報導,立法院於是在民國 96 年間增訂「繼續羈押」制度(§108 VIII、IX、X),以補救此種窘境。依新增訂的繼續羈押制度,法院可以依聲請(偵查中),或依職權(審判中),對羈押期滿的被告,在釋放前命被告具保、責付或限制住居,如認為不能具保、責付或限制住居,而有必要者(重罪者可逕予羈押),並得繼續羈押二個月,但期滿不得再延長。此後,類似的案例應不會再發生。

停止羈押與再執行羈押

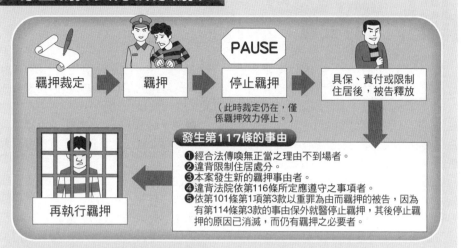

羈押裁定　→　羈押　→　停止羈押　→　具保、責付或限制住居後，被告釋放

PAUSE

（此時裁定仍在，僅係羈押效力停止。）

發生第117條的事由

❶經合法傳喚無正當之理由不到場者。
❷違背限制住居處分。
❸本案發生新的羈押事由者。
❹違背法院依第116條所定應遵守之事項者。
❺依第101條第1項第3款以重罪為由而羈押的被告，因為有第114條第3款的事由保外就醫停止羈押，其後停止羈押的原因已消滅，而仍有羈押之必要者。

再執行羈押

免予羈押與改命羈押

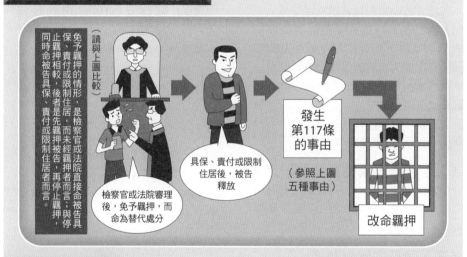

（請與上圖比較）

免予羈押的情形，是檢察官或法院直接命被告具保、責付或限制住居，而未經羈押者而言，後者是先羈押被告，再停止羈押，與停止羈押相較，前者是先羈押被告，再停止羈押，與停止羈押相較，同時命被告具保、責付或限制住居者而言。

檢察官或法院審理後，免予羈押，而命為替代處分

具保、責付或限制住居後，被告釋放

發生第117條的事由

（參照上圖五種事由）

改命羈押

繼續羈押

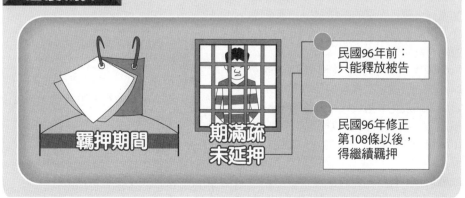

羈押期間

期滿疏未延押

民國96年前：只能釋放被告

民國96年修正第108條以後，得繼續羈押

UNIT 4-13
暫行安置

　　暫行安置是 111 年 2 月 18 日所修正公布的新制度，此後，對於犯罪嫌疑重大的被告，而具有精神障礙或其他心智缺陷等符合刑法第 19 條第 1、2 項情形，且具有危害性、緊急必要者，得先行拘束其人身自由。其立法目的在於社會安全防護的需求，並兼顧被告醫療、訴訟權益的保障，由此可知，暫行安置與一般強制處分的目的：保全被告、保全證據等目的不同。

（一）暫行安置的意義及要件

　　暫行安置是對於被告犯罪嫌疑重大，而具有「精神障礙或其他心智缺陷，致不能辨識其行為違法或欠缺依其辨識而行為之能力，或前述能力顯著減低」的情形，而且有危害公共安全之虞，在緊急必要時，先令入司法精神醫院、醫院、精神醫療機構或其他適當處所的強制處分（§121-1 I）。

（二）暫行安置的聲請與決定

　　偵查中由檢察官向法院聲請，審判中由檢察官聲請，或可直接由法院依職權決定（§121-1）。

（三）暫行安置與羈押

　　此兩者均為長時間拘束人身自由的強制處分，暫行安置的聲請程序、審查程序、撤銷暫行安置等規定，與羈押多有類同，例如：

　　❶偵查中檢察官聲請程式、拘捕後 24 小時內聲請、不算入 24 小時的事由、當場逮捕規定、延長暫行安置的聲請等規定，多有準用羈押的規定（§121-1 II 準用 §93 I 前段、§93-1、228 IV、§121-1 IV）。

　　❷偵查中暫行安置的審查程序，準用第 31 條之 1 的強制辯護規定、第 33 條之 1 的辯護人閱卷權、被告的卷證獲知權規定（§121-1 II）。

　　❸對於第 121 條之 1 第 1 項及第 3 項前段暫行安置、延長暫行安置或駁回聲請之裁定有不服者，得提起抗告。

　　❹決定暫行安置前，應先經法官訊問。法官訊問及審查時，檢察官到場陳述意見及提出證據義務、法院告知義務及被告、辯護人的陳述意見權及答辯權保障等，見 §121-1 II、§121-2。

（四）暫行安置的期間為 6 月以下

　　期間屆滿前如仍有暫行安置的必要，檢察官得聲請、審判中法院得依職權裁定延長，每次延長不得逾 6 月，並準用第 108 條第 2 項的規定。但暫行安置期間，累計不得逾 5 年（§121-1 III）。

（五）暫行安置的撤銷（§121-3）

　　❶暫行安置的原因或必要性消滅或不存在者，應即撤銷暫行安置裁定。檢察官、被告、辯護人及得為被告輔佐人之人可以向法院聲請撤銷。

　　❷偵查中經檢察官聲請撤銷暫行安置裁定者，法院應撤銷之，檢察官得於聲請時先行釋放被告。

　　❸對於撤銷暫行安置裁定或駁回聲請之裁定有不服者，得提起抗告。

　　❹暫行安置後，法院判決未宣告監護者，視為撤銷暫行安置裁定（§121-5）。

（六）其他

　　暫行安置的執行、限制被告的接見通信權等規定，詳參 §121-6。

暫行安置的目的

基於：
1. 社會安全防護
2. 被告醫療權益保障

暫行安置的要件

符合這些條件才可以對被告暫行安置

① 犯嫌重大
② 精神障礙或心智缺陷而符合刑法§19 I、II情形
③ 危害公共危險之虞
④ 緊急必要

緊急!!

撤銷暫行安置

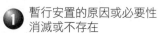

❶ 暫行安置的原因或必要性消滅或不存在

❷ 法院判決未宣告監護者，視為撤銷暫行安置

UNIT **4-14**
搜索（一）

搜索是指為了發現被告、證據，或可扣押之物，而對被告或第三人所為的搜查檢索的強制處分。搜索分成有令狀搜索（有票搜索）及無令狀搜索（無票搜索），後者又可分成附帶搜索、同意搜索、逕行搜索、緊急搜索四種。

（一）搜索的客體

搜索，可以對被告或第三人的身體、物件、電磁紀錄及住宅或其他處所為之（§122 I、II）。

（二）搜索的嫌疑門檻

依第 122 條規定，對於被告或犯罪嫌疑人之身體、物件、電磁紀錄及住宅或其他處所，必要時得搜索之。對於第三人之身體、物件、電磁紀錄及住宅或其他處所，以有相當理由可信為被告或犯罪嫌疑人或應扣押之物或電磁紀錄存在時為限，得搜索之。由此可見，對第三人的發動門檻較高，要求有「相當理由」才能發動，這是因為第三人並非程序的對象，所以應承受的不利益也應當小一點。

（三）有令狀搜索的要件

有令狀搜索是指需要搜索票的搜索（§128 I），又稱為有票搜索或要式搜索。

❶聲請機關

偵查中檢察官認有搜索之必要者，得聲請法院核發搜索票。司法警察官認有搜索之必要時，得報請檢察官許可後，向法院聲請核發搜索票（§128-1）。

❷決定機關

搜索決定機關為法官，搜索票由法官簽發（§128 III）。

（四）無令狀搜索的要件

無令狀搜索有四種，以下分述之：

❶附帶搜索

檢察官、檢察事務官、司法警察（官）在逮捕、拘提或羈押被告時，常帶有一定的危險性，而且被告也可能在被拘捕時自殘或湮滅證據，為保護執法人員的安全、避免被告湮滅證據或傷害自己，本法賦予執法人員得在無搜索票時對受逮捕、拘提、羈押的被告發動「附帶搜索」，搜索範圍限於「其身體、隨身攜帶之物件、所使用之交通工具及其立即可觸及之處所」（§130），若非立即可觸及的處所，就不是附帶搜索的範圍，例如：被告隨身的手提包是可搜索範圍，但 30 公尺外的汽車就不是。

❷緊急搜索

①緊急搜索是指依第 131 條第 2 項的搜索：「檢察官於偵查中確有相當理由認為情況急迫，非迅速搜索，二十四小時內證據有偽造、變造、湮滅或隱匿之虞者，得逕行搜索」，本條的搜索範圍，及於各種可能被滅證的處所。

②後續程序：檢察官應於實施緊急搜索後三日內陳報該管法院。執行後未陳報該管法院或經法院撤銷者，審判時法院得宣告所扣得之物，不得作為證據（§131 III）。

😊小博士解說

可否搜索律師事務所？大法官認為律師或辯護人與被告、犯嫌之間基於憲法保障秘密自由溝通權的行使，而產生的文件資料（如文書、電磁紀錄等），應不得搜索、不得扣押（112 憲判 9 號），以保障律師工作權、被告的訴訟權。

搜索概論

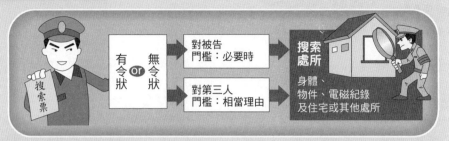

有
令
狀 or 無
令
狀

對被告
門檻：必要時 → 搜索
處所

對第三人
門檻：相當理由 → 身體、
物件、電磁紀錄
及住宅或其他處所

搜索票

有令狀搜索

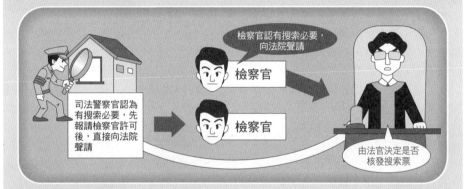

司法警察官認為
有搜索必要，先
報請檢察官許可
後，直接向法院
聲請

檢察官認有搜索必要，
向法院聲請

檢察官

檢察官

由法官決定是否
核發搜索票

附帶搜索

執法人員逮捕被告，或執行拘提或羈押時，得對於被
告發動「附帶搜索」，搜索範圍限於被告身體及其他
「立即可觸及之處所」。

立即可觸及之處所

立即可觸及之處所的範圍大小，應視實際情形，例
如被告體力、體形、敏捷度等情形而定。

緊急搜索

證據在24小時內遭偽造、變造、湮滅或隱匿的危險

檢察官發動
緊急搜索

檢察官執行後三日內
記得陳報法院

UNIT **4-15**
搜索（二）

（五）逕行搜索

逕行搜索是指偵查機關有進入住宅等處所執行逮捕、拘提、羈押之必要時，其情況急迫不及報請核發搜索票，為避免被告（犯嫌）脫逃，賦予執法人員無令狀入宅搜索的權限。

❶**要件**

依第131條第1項的規定，有下列情形之一者，檢察官、檢察事務官、司法警察官或司法警察，雖無搜索票，得逕行搜索住宅或其他處所：

①因逮捕被告、犯罪嫌疑人或執行拘提、羈押，有事實足認被告或犯罪嫌疑人確實在內者：依本款事由觀之，不論是通緝犯的逮捕、或是現行犯的逮捕，均可逕行搜索（例如：聽到被告在家裡對被害人施暴，即可無票入內搜索），但拘提呢？最高法院認為，本款的「拘提」，應限於持法官簽發的拘票始得為之，持檢察官所簽發的拘票所為的拘提，則不得發動本款的搜索。

②因追躡現行犯或逮捕脫逃人，有事實足認現行犯或脫逃人確實在內者。

③有明顯事實足信為有人在內犯罪而情形急迫者。

❷**逕行搜索的範圍**

逕行搜索的範圍限於住宅或其他處所，而由於此種搜索的目的在於發現被告（人），並非在於發現物，所以不得任意對無法藏匿人的地方搜索，例如：進入住宅逕行搜索時，任意打開抽屜，由於抽屜無法藏人，其搜索不合逕行搜索的目的而違法。

❸**後續程序**（§131 Ⅲ、Ⅳ）

逕行搜索，由檢察官為之者，應於實施後三日內陳報該管法院；由檢察事務官、司法警察官或司法警察為之者，應於執行後三日內報告該管檢察署檢察官及法院。法院認為不應准許者，應於五日內撤銷之。

其執行後未陳報該管法院或經法院撤銷者，審判時法院得宣告所扣得之物，不得作為證據。

（六）同意搜索

受搜索人如同意接受搜索，表示其自願捨棄隱私權、財產權、住宅安寧權的保護，執法人員即可無令狀進行搜索，此種搜索稱之為「同意搜索」，依第131條之1之規定：「搜索，經受搜索人出於自願性同意者，得不使用搜索票。但執行人員應出示證件，並將其同意之意旨記載於筆錄。」分析其要件如下：

❶**執行人員應出示證件。**

❷**受搜索人自願同意者**

①所稱「同意」，是指受搜索人「真摯的同意」，而不是非自願的同意（例如：因被槍指著，害怕而同意）。

②同意者必須有同意權，始能有效同意，例如：分租公寓，任一人無權同意搜索他人房間。又房東無權同意搜索房客房間。

❸**同意意旨應記載於書面**

此同意意旨的記載應於搜索之前或搜索當時完成，不能事後補正。

逕行搜索

同意搜索

UNIT **4-16**
搜索的程序、限制、救濟

（一）搜索的程序（§§144～153）

❶如係有令狀搜索，首應以搜索票示在場之人。

❷搜索的必要處分

執行搜索及扣押得開鎖、開封緘或為其他必要之處分。並得封鎖現場，禁止在場人員離去，或禁止無關之人進入該處所。

❸搜索時之在場人

本法規定搜索時，下述之人得在場：

①搜索或扣押有人住居或看守的住宅時，其住居人、看守人或可為其代表之人得在場。

②當事人與辯護人的在場權：Ａ當事人及審判中之辯護人得於搜索或扣押時在場。但被告受拘禁，或認其在場於搜索或扣押有妨害者，不在此限。此為當事人、辯護人的在場權，是很重要的權利；Ｂ搜索或扣押時，如認有必要，得命被告在場；Ｃ行搜索或扣押之日、時及處所，應通知前二項得在場之人。但有急迫情形時，不在此限。

③發現應扣押之物，扣押之。

④未發現應扣押之物者，付與證明書（§125）。

⑤有令狀搜索於執行後，應將執行結果陳報核發搜索票之法院（§132-1）。

（二）搜索的限制

搜索是干預人民基本權利的強制處分，自應符合憲法比例原則的限制，下述搜索的限制，多含有比例原則的精神在內：

❶搜索應保密、並注意受搜索人名譽。

❷遇到抗拒時，得施用強制力，但不得逾越必要的程度。

❸夜間搜索的限制：夜間是指日出前、日沒後（§100-3 III），是人民休息的時間，因此在有人住居或看守之住宅或其他處所，原則上不得於夜間入內搜索或扣押（§146 I）。但日間已開始搜索或扣押者，得繼續至夜間。例外得在夜間搜索的情形如下：

①經住居人、看守人或可為其代表之人承諾或有急迫的情形（§146 I）但書）。

②下列處所，夜間亦得入內搜索或扣押（§147）：Ａ假釋人住居或使用者；Ｂ旅店、飲食店或其他於夜間公眾可以出入之處所，仍在公開時間內者；Ｃ常用為賭博、妨害性自主或妨害風化之行為者。

（三）搜索的救濟

對於搜索不服，其救濟途徑，依搜索的種類而有不同：

❶有令狀搜索的救濟途徑

有令狀搜索的搜索票如果是「法院」所簽發，救濟途徑是抗告（§404 I ②）；如果是個別法官（審判長、受命法官、受託法官）所簽發，救濟途徑是準抗告（§416 I ①）。

❷無令狀搜索的救濟途徑

①準抗告：對檢察官所為的四種無令狀搜索，均可依第 416 條第 1 項第 1 款提準抗告（但對檢察事務官、司法警察（官）不得提起準抗告）。

②事後陳報：依第 131 條第 3、4 項的事後陳報制，參照 Unit4-14。

搜索的程序

有令狀搜索時，應出示搜索票

搜索必要處分

如有必要，得開鎖、封鎖現場及採取其他必要手段

得在場人

住居人、看守人或可為其代表之人得在場；當事人及審判中的辯護人得在場

搜索執行後，發現應扣押之物，扣押之，未發現者，付與證明書，有令狀搜索執行後並應陳報法院。

搜索的限制

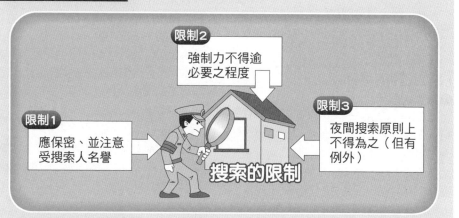

限制2
強制力不得逾必要之程度

限制1
應保密、並注意受搜索人名譽

限制3
夜間搜索原則上不得為之（但有例外）

搜索的限制

搜索的救濟

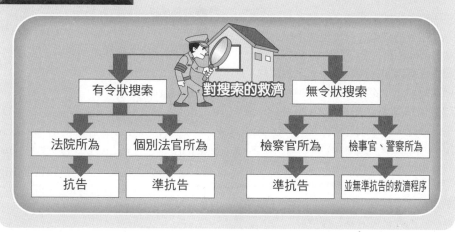

對搜索的救濟

有令狀搜索　　　　　　　　　無令狀搜索

法院所為　　個別法官所為　　　檢察官所為　　檢事官、警察所為

抗告　　　　準抗告　　　　　　準抗告　　　　並無準抗告的救濟程序

UNIT *4-17*
扣押

扣押是指執法人員對於可為證據或得沒收之物,暫時占有的強制處分。搜索如果發現扣押物,得扣押之,因此扣押常緊接著搜索而來。

圖解刑事訴訟法

(一)可扣押之物

❶可為證據或得沒收之物,得扣押之(§133 I),因此執法人員在搜索時,或以其他方式,發現可為證據之物,或得沒收之物,就可發動扣押。

❷依第 3 條之 1,所稱沒收,包括其替代手段,例如追徵。而依第 133 條第 2 項,為了保全追徵的目的,得在必要時酌量扣押犯罪嫌疑人、被告或第三人的財產。

(二)扣押的要件

❶有令狀扣押

扣押如是隨著有令狀搜索而來,且扣到之物為搜索票上所記載者,即屬有令狀扣押,因為此時搜索令狀同時就是扣押令狀。而民國 105 年的修法,增訂獨立扣押的規定,獨立扣押原則上應以「扣押裁定」為之,亦屬有令狀扣押。

❷無令狀扣押

無令狀扣押可分二種情形:

①無令狀搜索而為之扣押。

②雖有搜索票,但發現搜索票上所未記載的應扣押之物,而加以扣押:有令狀搜索是以法官核發的搜索票為依據,搜索的案由、處所,以及應扣押之物,均應依搜索票的記載(§128 II),始足以保障人民權利,但如於執行搜索、扣押的過程中,發現搜索票上所未記載的應扣押物時,實無可能要求警察視而不見,且如此亦不合於正義,因此本法賦予執法人員無令狀扣押的權限。此種無令狀扣押又可分為二種情形:

Ⓐ附帶扣押:檢察官、檢察事務官、司法警察官或司法警察執行搜索或扣押時,發現本案應扣押之物為搜索票或扣押裁定所未記載者,亦得扣押之(§137),此稱為附帶扣押。附帶扣押執行後,並應陳報法院或檢察官(§137 II)。

Ⓑ另案扣押:執法人員實施搜索或扣押時,發現另案應扣押之物,亦得扣押之,稱為另案扣押(§152)。

附帶扣押與另案扣押的相異之處在於:所扣者是「本案」或「另案」的證據。本案、另案的區分,則應依令狀上的「案由」而定,屬於案由範圍者,是本案,反之,是另案。例如:法官核發搜索票的案由,是以甲涉有販賣毒品的嫌疑,搜索票上記載的應扣押物則為「毒品」,若警察持票搜索過程當中,發現未記載於搜索票上的證據「販毒帳簿」,則屬本案附帶扣押的問題。但若發現槍枝(槍砲案件),即屬另案扣押的問題。又不論附帶扣押、另案扣押,其發動均須符合下述要件:

❶前行為(搜索、拘提等)合法。

❷須為執法人員目視範圍所及之物。

❸須有相當理由,且立即、明顯、直接地認為所發現之物為證據或得沒收之物。

(三)提出命令

提出命令,係指對於應扣押物的所有人、持有人或保管人,命令其提出或交付的處分(§133 III)。應扣押物的所有人、持有人或保管人,無正當理由拒絕提出或交付或抗拒扣押者,得用強制力扣押之(§138)。提出命令可說是先禮後兵的程序。

扣押基本概念

搜索發現可為證據或得沒收之物

扣押

扣押

上述情形為「附隨於搜索的扣押」，亦即先執行搜索，發現應扣押之物，加以扣押。此與下述「非附隨於搜索的扣押」（即獨立扣押，應予區辨）。

獨立扣押與扣押裁定

路邊發現贓車一輛

民國105年的修法中，增訂「獨立扣押」制度，係指「非附隨於搜索的扣押」，例如路邊發現贓車一部，此時如加以扣押，即未先經過搜索程序，而獨立加以扣押。依第133條之1第1項、第2項之規定，獨立扣押，除以「得為證據之物而扣押」或「經受扣押標的權利人同意」者外，應經法官裁定（扣押裁定）。前項之同意，執行人員應出示證件，並先告知受扣押標的權利人得拒絕扣押，無須違背自己之意思而為同意，並將其同意之意旨記載於筆錄。

偵查中檢察官認有聲請獨立扣押裁定之必要時，向法院聲請，司法警察官亦得報請檢察官許可後，向法院聲請。

但檢察官、檢察事務官、司法警察官或司法警察於偵查中有相當理由認為情況急迫，有立即扣押之必要時，得逕行扣押；檢察官亦得指揮檢察事務官、司法警察官或司法警察執行。但應注意執行後，三日內應陳報該管法院。

扣押裁定

獨立扣押原則上應以扣押裁定為之

附帶扣押／另案扣押之區別

搜索票

案號：105年……
案由：毒品危害防
制條例
受搜索人：…
應搜索之範圍：
……
搜索期間：

依第128條第2項，搜索票應記載事項如左。其中「案由」就是決定附帶扣押或是另案扣押的最主要標準，如發現搜索票未記載的物品，應予扣押者，而且是在本案範圍內（案由），便是附帶扣押，如不在本案範圍內者，為另案扣押。

UNIT *4-18*
限制出境、出海

圖解刑事訴訟法

(一)限制出境、出海的要件

限制被告出境、出海,須具備三要件:犯罪嫌疑重大、限制原因、限制必要(§93-2 I)。

❶犯罪嫌疑重大:犯罪嫌疑的要求較高,應達到犯罪嫌疑重大的程度。

❷限制原因:限制被告出境、出海,其原因有三:①無一定之住、居所者;②有相當理由足認有逃亡之虞者;③有相當理由足認有湮滅、偽造、變造證據或勾串共犯或證人之虞者。

❸限制必要:所指限制必要,是指限制被告出境、出海應符合比例原則,必須是達到目的的適當方法始得為之。

(二)限制出境、出海的程序

❶限制出境、出海,由檢察官或法官決定(§93-2 I),但是檢察官欲延長限制期間,應向法院聲請,由法院決定(§93-3 I)。

❷限制出境、出海,並應以書面為之(§93-2 II)。前項書面,原則上至遲應於為限制出境、出海後 6 個月內通知。但於通知前已訊問被告者,應當庭告知,並付與前項之書面(§93-2 III)。

(三)限制出境、出海的期間

❶偵查中檢察官限制被告出境、出海,不得逾 8 個月。有繼續限制的必要者,得在期間屆滿前 20 日前,向法院聲請延長,其延長者,第一次不得逾 4 個月,第二次不得逾 2 個月,以延長二次為限,也就是偵查中最長可達 14 個月(8+4+2)(§93-3 I、II)。

❷審判中限制出境、出海每次不得逾 8 月,次數並無限制,但是犯最重本刑

為有期徒刑 10 年以下之罪者,累計不得逾 5 年;其餘之罪,累計不得逾 10 年(§93-3 II)。

(四)救濟及撤銷

❶救濟

①聲請撤銷或變更:被告、辯護人得向檢察官或法院聲請撤銷或變更限制出境、出海。偵查中經法院裁定的限制出境(海),檢察官亦得聲請撤銷,並得於聲請時先行通知入出境、出海的主管機關,解除限制出境、出海(§93-5 I)。

偵查中檢察官所為限制出境、出海,得由檢察官依職權撤銷或變更之。但起訴後案件繫屬法院時,偵查中所餘限制出境、出海之期間,得由法院依職權或聲請為之(§93-5 III)。

②抗告、準抗告:對於法院所為關於限制出境、出海的裁定,得提起抗告救濟(§404 I ②);對個別法官或檢察官所為的處分,則可提起準抗告救濟(§416 I ①)。

❷視為撤銷

被告受不起訴處分、緩起訴處分,或經諭知無罪、免訴、免刑、緩刑、罰金或易以訓誡或第 303 條第 3 款、第 4 款不受理之判決者,視為撤銷限制出境、出海。但上訴期間內或上訴中,如有必要,得繼續限制出境、出海(§93-4)。

(五)準用規定

依本章以外規定得命具保、責付或限制住居者,亦得命限制出境、出海,並準用 §§93-2 II、93-3 ~ 93-5 之規定。

限制出境（海）的作用

限制出境

限制出境（海）的要件

 犯罪嫌疑
重大

限制原因：
❶ 居無定所
❷ 逃亡之虞
❸ 滅證

限制必要

 新聞報導，遠東航空在109年12月13日停飛，台北地方檢察署為了偵辦遠航停業是否違反民用航空法，傳喚董事長張綱維，並對其限制出境、出海，以確保後續偵查、審判程序得以順利進行。

第 5 章

特殊偵查方式與強制處分

章節體系架構 ▼

UNIT 5-1
臨檢

（一）臨檢的意義

臨檢是指警察對於有合理懷疑已發生危害或易發生危害的「人」、「場所」或「交通工具」，所進行的攔阻、盤詰或檢查的程序。臨檢的要件、程序在早期並未有明確的規定以資遵循，大法官在民國 90 年以釋字 535 號，首度劃下臨檢的界線，立法院隨後制訂警察職權行使法，提供警察臨檢的法律依據。

（二）臨檢的階段

臨檢通常包含攔阻、盤詰、檢查三個階段：

❶攔阻

即阻止受臨檢人前進之謂，通常為臨檢程序的第一階段。

❷盤詰

在臨檢目的範圍內，對受臨檢人發問；並得為確認身分的發問。

❸檢查

警察在臨檢時所能做的檢查，以目視範圍為限（即以一目瞭然為限）。

（三）臨檢的門檻

臨檢所得採取的措施（攔阻、盤詰、檢查），干預人民權利的程度較強制處分輕微，所稱「攔阻」，並非逮捕或拘提、「盤詰」並非訊問、「檢查」並非搜索。因此其發動門檻，一般認為僅須達到「合理懷疑」即可，以與強制處分的發動門檻（相當理由）相區別。

（四）臨檢的程序

警察臨檢時，應遵守下述程序：

❶警察應著制服或出示證件表明身分，並應告知事由。

❷查證身分

警察職權行使法第 6 條規定，警察於公共場所或合法進入之場所，得對於下列之人，查證其身分：

①合理懷疑其有犯罪之嫌疑或有犯罪之虞者。

②有事實足認其對已發生之犯罪或即將發生之犯罪知情者。

③有事實足認為防止其本人或他人生命、身體之具體危害，有查證其身分之必要者。

④滯留於有事實足認有陰謀、預備、著手實施重大犯罪或有人犯藏匿之處所者。

⑤滯留於應有停（居）留許可之處所，而無停（居）留許可者。

⑥行經指定公共場所、路段及管制站者。

❸查證身分之必要措施

為查證身分，警察得攔停交通工具、詢問年籍資料、令出示身分證明文件，若有明顯事實受臨檢人攜有足致傷害之物者，並得檢查其身體（§7）。如在現場無法查證身分時，警察得將該人民帶往勤務處所查證，遇有抗拒並得使用強制力，但自攔停時起，不得逾 3 小時。

❹攔停交通工具

警察對於已發生危害或依客觀合理判斷易生危害的交通工具，得予以攔停並採行下列措施：①要求駕駛人或乘客出示相關證件或查證其身分；②檢查引擎、車身號碼或其他足資識別之特徵；③要求駕駛人接受酒精濃度測試的檢定。

為前項攔停，發現駕駛人或乘客有異常舉動而合理懷疑其將有危害行為時，得強制其離車；有事實足認其有犯罪之虞者，並得檢查交通工具（§8）。

臨檢的要件、發動門檻

對人臨檢

合理懷疑其行為已構成或即將發生危害者，可實施對人臨檢。

懷疑的程度

依事證及辦案經驗，其犯罪嫌疑已達合理

對處所、交通工具臨檢

已發生危害或依客觀、合理判斷易生危害者，可實施場所或交通工具的臨檢。

發動臨檢

發動臨檢

臨檢的階段

臨檢通常包含攔阻、盤詰、檢查三個階段：

攔阻 ➡ 盤詰 ➡ 檢查（僅能目視）

臨檢的程序

我是××警察局偵查佐（表明身分），現在要對你臨檢

警察臨檢的程序，首先，應著制服或出示證件表明身分，再者，依其實施的程序是「查證身分」或是「攔停交通工具」或其他行為，各有其應遵守的程序。

查證身分	攔停交通工具
詢問年籍資料、令出示身分證明文件	要求出示相關證件或查證其身分
得攔停交通工具	檢查引擎、車身號碼或其他足資識別之特徵
如顯有攜帶傷害人身的物品，可檢查身體	酒測

UNIT **5-2** 通訊監察

通訊監察（俗稱監聽）是一種侵害人民隱私權的強制處分，法律依據為通訊保障及監察法（下稱通保法）。而通訊監察的類型中，有基於犯罪偵查目的而為者，有基於國家安全而為者，礙於篇幅，本書僅介紹前者。

（一）通訊監察的意義

❶通訊監察係指對人民的通訊所進行的監控行為。

❷所稱監控行為，包括：截收、監聽、錄音、錄影、攝影、開拆、檢查、影印或其他類似方式（通保法第 13 條第 1 項）。

（二）通訊的意義

❶通保法所稱「通訊」，是指受監察人的下述信息傳遞行為及內容：①利用電信設備發送、儲存、傳輸或接收符號、文字、影像、聲音或其他信息之有線及無線電信；②郵件及書信；③言論及談話（§3 I）。

❷但應注意，受監察人若對上述通訊無合理隱私期待者，並非通保法上所謂的通訊（§3 II），不受該法保護。例如：在大庭廣眾下與人大聲對談，或持手機大聲說話，非本法保護的通訊。

（三）通訊監察的要件

❶**令狀原則**：實施通訊監察，應以通訊監察書為之。偵查中由檢察官聲請，由法院核發，審判中由法院依職權核發（§5）。但如有特定犯罪，且情況急迫時，司法警察機關得報請該管檢察官以口頭通知執行機關先予執行通訊監察，再於 24 小時內報請法院補發（§6）。

❷**相當理由**：發動通訊監察，以有相當理由可信其通訊內容與本案有關者，始得發動。

❸**重罪原則**：並非所有犯罪都可以發動通訊監察，通保法第 5 條、第 6 條規定的特定犯罪始得為之（請查閱法條），一般而言，是指較重之罪，或難以依通訊監察以外的其他方法偵查的犯罪，例如：最輕本刑為三年以上有期徒刑之罪、貪污治罪條例之違背職務行為之行賄罪等等。

❹**必要原則**：必須是不能或難以其他方法蒐集或調查證據者，始得以通訊監察為之。

（四）通訊監察的限制

❶**期間的限制**：通訊監察期間，每次不得逾 30 日，其有繼續監察之必要者，得聲請展延。又如已無監察必要，縱使期間尚未屆至，仍應立即停止。

❷**大監聽的禁止**：通訊監察，不得於私人住宅裝置竊聽器、錄影設備或其他監察器材（大監聽）。此乃因大監聽會獲取受監察者生活中一切有關、無關的通訊，實已逾必要範圍，而侵害權利過鉅，故明文禁止。

（五）違法監察的證據能力

違法監察所取得之內容或所衍生之證據，於司法偵查、審判或其他程序中，均不得採為證據或其他用途（§18-1 III）。

（六）另案監察的證據能力

執行通訊監察，取得其他案件之內容者，不得作為證據。但於發現後七日內補行陳報法院，並經法院審查認可該案件與實施通訊監察的案件具有關連性或為第 5 條第 1 項所列各款之罪者，不在此限（§18-1 I）。

通訊監察的意義

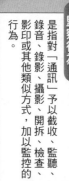

是指對「通訊」予以截收、監聽、錄音、錄影、攝影、開拆、檢查、影印或其他類似方式，加以監控的行為。

監察行為

監察者

通訊者

通訊內容（信息傳遞；且有隱私期待）

通訊者

通訊監察的要件

令狀原則	相當理由	重罪原則	必要原則
需有通訊監察書始得為之	需有相當理由可信通訊內容與本案有關者	特定罪名（如重罪）始能發動	難以其他方法取得證據者

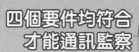

四個要件均符合才能通訊監察

監察者

通訊監察的限制

每次不得逾30日；除非有延展

30 Days

NO 不得於私人住宅裝置竊聽器、錄影設備或其他監察器材

UNIT **5-3**
犯罪挑唆

犯罪挑唆，是指偵查機關誘使被挑唆者犯罪，再伺機加以逮捕的偵查方式。依犯罪挑唆方式的不同，又可分為二種：誘捕偵查以及陷害教唆，二者不僅偵查方式不同，效力也有不同。

（一）誘捕偵查與陷害教唆的差異

關於誘捕偵查與陷害教唆的差異，最高法院104年度台上字第40號認為：

❶所謂「陷害教唆」，係指行為人原不具犯罪的故意，純因司法警察的設計教唆，才萌生犯意，進而實施犯罪構成要件的行為者而言，這種情形是以引誘或教唆犯罪的不正當手段，使原無犯罪故意之人，因而萌生犯意並實行犯罪行為，再進而蒐集其犯罪證據並加以逮捕偵辦，如此手段並不正當，且已逾越偵查犯罪的必要程度，侵害人權及公共利益，因此所取得的證據資料，沒有證據能力。

❷而刑事偵查技術上所謂的「釣魚」（按：即係指「誘捕偵查」），是指對於原已犯罪或具有犯罪故意之人，以設計引誘的方式，迎合其要求，使其暴露犯罪事證，再加以逮捕或偵辦者而言；此項誘捕行為，並無入人於罪的教唆犯意，更不具使人發生犯罪決意的行為，此純屬偵查犯罪的技巧，且於保障人權及維護公共利益的均衡維護有其必要性，故依「釣魚」方式所取得的證據資料，若不違背正當法定程序，原則上尚非無證據能力。

❸據上論述，陷害教唆對原無犯罪故意之人，挑起其犯意，可稱之為「犯意創造型」的犯罪挑唆；誘捕偵查（釣魚）則係對原有犯罪意思之人，提供機會，方便其犯罪，再加以逮捕，可說是「機會提供型」的犯罪挑唆。

（二）誘捕偵查與陷害教唆的合法性

❶誘捕偵查

由於犯罪人本有犯罪意思，偵查機關僅是提供機會加以誘捕，屬合法的偵查技巧，取得的證據之證據能力不受影響。

❷陷害教唆

此種情形，偵查機關創造相對人的犯意，等於創造犯罪人，基於國家行為不得自相矛盾的原理，陷害教唆屬於違法的偵查行為，因此所取得的證據不合法，應無證據能力。

😊小博士解說

實務上偶見以犯罪挑唆的方式進行偵查者，例如毒品案，先令購毒者與販毒者相約購毒，約出後再逮捕；或如與刊登援交消息者、販賣仿冒商品者相約後，再加以查獲等。前引之最高法院104年度台上字第40號判決中，涉及的則是警員喬裝男客前往被告的舒壓會館，發現店內女服務生疑似有提供俗稱「半套」的性服務，因而起訴被告，台灣高等法院認為警員有以陷害教唆的方式偵查，排除違法偵查取得的證據，最高法院則認為原審認定為陷害教唆尚有疑義，因而發回高等法院。

犯罪挑唆的意義

誘使犯罪 → 因而犯罪 → 加以逮捕

誘捕偵查／陷害教唆

犯罪挑唆，依照「被挑唆者原本是否有犯罪意思」為區分標準，可分為二種形式：「誘捕偵查」與「陷害教唆」，這二種挑唆形式不僅情況不同，效果也不同：

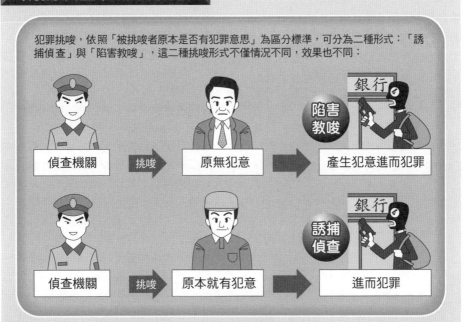

偵查機關 →挑唆→ 原無犯意 → 陷害教唆 產生犯意進而犯罪

偵查機關 →挑唆→ 原本就有犯意 → 誘捕偵查 進而犯罪

誘捕偵查／陷害教唆的效果

	陷害教唆	誘捕偵查
行為人原本有無犯意？	No	Yes
因此取得證據，其證據能力？	No	Yes

UNIT 5-4
鑑定留置、身體檢查

（一）鑑定留置

❶意義

有必要鑑定被告的心神、身體，在一定期間內，將被告送進醫院或其他處所進行鑑定，稱為鑑定留置（§203 III）。

❷令狀

鑑定留置原則上應用鑑定留置票，並由法官簽名。但如果被告是在經拘提，逮捕到場後的 24 小時內完成者，不用鑑定留置票（§203-1）。

❸執行程序

①鑑定留置期間為 7 日；可以延長或縮短，但延長的期間不可以超過 2 個月。

②執行鑑定留置時，鑑定留置票應分別送交檢察官、鑑定人、辯護人、被告及其指定之親友（§203-2），地點或時間有變更者，也要通知。

③鑑定留置的日數，視為羈押日數（§203-4）。

④不服鑑定留置者，如果鑑定留置票的簽發者為法院，依抗告救濟（§404 I ②）；簽發者為法官者，依準抗告救濟（§416 I）。

（二）身體檢查

身體檢查，是指檢查人的身體狀態、特徵以及物理性質的強制處分，是以人的身體自然狀態（例如傷口、體毛）為檢查對象。身體檢查，如果依是否侵入人體為區分，可分成「侵入性」及「非侵入性」的身體檢查，前者對基本權干預較嚴重，要件較嚴格，例如採血、插導尿管的採尿，後者例如採指紋、採毛髮、令其自行排尿的採尿等。又如果依決定者的不同，可分為「法官、檢察官」決定，以及「司法警察（官）」決定的

身體檢查處分：

❶法官、檢察官決定的身體檢查

①以供鑑定為目的的身體檢查：法官或檢察官得許可鑑定人為檢查身體處分（§204 I），並得：Ⓐ採取分泌物、排泄物、血液、毛髮或其他出自或附著身體之物；Ⓑ採取指紋、腳印、聲調、筆跡、照相或其他相類之行為（§205-1 I）。上開許可，應以鑑定許可書為之，偵查中由檢察官簽名，審判中由法官簽名。例外如於法官或檢察官在場時所作者，無須許可書（§204-1）。

②以供勘驗為目的的身體檢查：法官、檢察官進行勘驗，得為身體檢查處分（§213 ②）。

❷司法警察（官）決定的身體檢查

① §205-2 規定，檢察事務官、司法警察官或司法警察如有必要，對於經拘提或逮捕到案的被告，得違反其意思，A. 採取指紋、掌紋、腳印，予以照相、測量身高或類似之行為；B. 有相當理由認為採取毛髮、唾液、尿液、聲調或吐氣得作為犯罪之證據時，並得採取之。

②上述關於採尿的部分，經 111 年憲判字第 16 號判決認為違憲，二年內失效，在修法前，執法者應遵循下述原則：本條採尿應不包括侵入性的採尿，僅能以「非侵入性」的方式採尿，且此部分仍影響其資訊隱私權，故原則上應報請檢察官核發鑑定許可書始得為之；惟於情況急迫時，司法警察（官）始得自行決定採尿，並應於採尿後 24 小時內陳報檢察官許可；檢察官認為不應准許者，應於 3 日內撤銷之；受採尿者得於受採取尿液後 10 日內，聲請法院撤銷之。

發動鑑定留置的要件

發動鑑定留置
的要件

發動鑑定留置

- 鑑定被告心神或身體的必要

- 鑑定留置票（但被告經拘捕，且留置未超過24小時者，不用票）

- 送入醫院或其他處所

- 原則不得超過7天；但可延長2個月

身體檢查與搜索的範圍

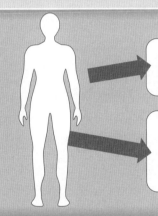

搜索，其對象為身外之物，亦即，在這條線以外之物，始為搜索，例如：手錶、眼鏡、項鏈、含在嘴內的毒品等。

身體檢查，以身體狀態（包含人體的自然開口，例如口腔）為檢查對象，即以「裸身檢查」為對象。亦即，這條線本身（皮膚等），以及線以內的部分（例如採血、採尿），均為身體檢查的範圍。

誰決定採尿處分？

侵入性採尿

檢察官、法官在實現刑罰權的特別重要公益所必要範圍內依§205-1Ⅰ為之，司法警察（官）不得為之。

非侵入性採尿

檢察官、法官依§205-1Ⅰ可以為之。司法警察（官）除於情況急迫時，得自行決定以外，均應報請檢察官核發鑑定許可書始得為之。

第**6**章

證據

●●●●●●●●●●●●●●●●●●●●●●●●●● 章節體系架構 ▼

UNIT **6-1**
證據法的基本原則（一）

本章要介紹刑事訴訟法中非常重要的概念—證據。本單元先從證據法的基本原則談起，這些原則架構起證據法，我們在解釋、運用本章的法條時，經常運用這些原則。

（一）無罪推定原則與罪疑唯輕原則

❶無罪推定原則

刑事追訴的過程，被告的權利容易遭到侵害，為避免追訴機關不擇手段入被告於罪，罔顧被告的權益，刑事訴訟法第 154 條第 1 項規定：「被告未經審判證明有罪確定前，推定其為無罪。」本條是無罪推定原則的明文規範，依無罪推定原則，被告在被法院依法定程序確認有罪之前，均應該推定為無罪。不僅制度上，即連程序主導者法官、檢察官，均應受此原則的拘束，因此如果法官說：「看你的樣子就知道你有犯罪。」就明顯違反無罪推定原則。

❷罪疑唯輕原則

①罪疑唯輕原則是指，法院在當事人雙方的舉證活動結束後，依法院的心證仍無法確信被告有罪時，應為有利於被告的認定。罪疑唯輕原則與無罪推定原則經常相提並論，其內涵有大部分重疊。

②罪疑唯輕原則的適用範圍，僅限於實體事項，不包括程序事項，也不適用於法律的解釋。例如：被告是否已開始著手竊取他人之物的事實不明瞭者，應為有利於被告的認定；但是如果法院對於著手時點，應採取哪一個學說，屬於法律解釋的範疇，法院應依其職權為法律的解釋，不可以適用罪疑唯輕原則。

（二）自由心證原則

❶意義

對於證據如何評價，其證明力高低，法律並未設有硬性規則，委由法官自由判斷的原則，稱為自由心證原則（§155 I）。

❷自由心證原則的界限

自由心證並非毫無限制，應受以下的拘束：

①經驗法則、論理法則的拘束：法官的心證，並非完全自由，應受經驗法則、論理法則的拘束。

②補強證據的要求：被告或共犯的自白，不得作為有罪判決的唯一證據，亦即必須有補強證據（§156 II）；最高法院又透過判決，將上開規定的精神運用到告訴人的證詞，認為告訴人的證詞亦不得作為判決被告有罪的唯一證據，必須有補強證據。

③審判期日的訴訟程序，要以審判筆錄為證據，不得任由法官自由心證（§47）。第 47 條也是自由心證的界限。

😊小博士解說

實例說明

徐自強因涉嫌與黃春棋、陳憶隆、黃銘泉共同綁架殺害富商黃○○，而遭起訴，經歷次審級，加上非常上訴審，徐自強總共被判決（或維持）死刑九次，無期徒刑二次。直到更九審，徐自強於 104 年 9 月 1 日，經臺灣高等法院以「無罪推定原則」認為證據不足以認定徐的罪行，判決無罪，即屬適例。

無罪推定原則

在判決有罪「確定」之前，就算千夫所指，在法律上仍然推定被告無罪。

判決有罪　　　　　　　　　　　　　　　　　有罪確定

無罪推定

罪疑唯輕原則

A罪？（較重）　or　B罪？（較輕）

在檢察官與被告的舉證活動結束後，法官仍無法確認被告的犯罪，則法官應為有利於被告的認定。例如：法官認為依證據，被告是觸犯「A罪」或「B罪」，但無法確定是何一行為，法官應為有利的認定（B罪）。

自由心證原則的限制

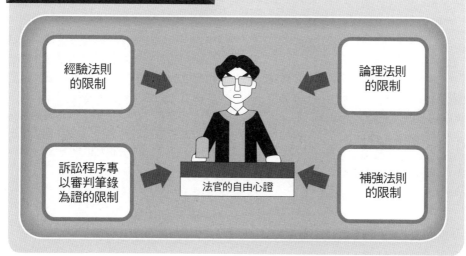

經驗法則的限制　　　　　　　　　論理法則的限制

訴訟程序專以審判筆錄為證的限制　　法官的自由心證　　補強法則的限制

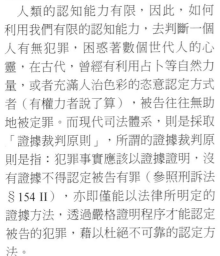

UNIT **6-2**
證據法的基本原則（二）

（一）證據裁判原則

❶犯罪事實如何認定？

人類的認知能力有限，因此，如何利用我們有限的認知能力，去判斷一個人有無犯罪，困惑著數個世代人的心靈，在古代，曾經有利用占卜等自然力量，或者充滿人治色彩的恣意認定方式者（有權力者說了算），被告往往無助地被定罪。而現代司法體系，則是採取「證據裁判原則」，所謂的證據裁判原則是指：犯罪事實應該以證據證明，沒有證據不得認定被告有罪（參照刑訴法§154 II），亦即僅能以法律所明定的證據方法，透過嚴格證明程序才能認定被告的犯罪，藉以杜絕不可靠的認定方法。

❷無須證明的事實

在證據裁判原則之下，有證據才能認定被告的犯罪事實，然而某些事實，已經廣為周知（例如 921 大地震的事實、水往下流的自然事實等），不用我們在程序中大費周章地提出證據證明，即可認定，此即無須證明的事實，無須證明的事實分為二種：

①公眾週知的事實：是指廣為一般人知道的事實，依刑訴法第 157 條的規定「公眾週知之事實，無庸舉證。」

②事實於法院已顯著，或為其職務上所已知者：所謂事實於法院已顯著者，是指對於法院而言，一般法官都知道的事實，如僅為承審法官所知，仍非此處所指「於法院已顯著」。而法官如於執行職務上，已知的事實，亦無庸舉證（§158）。

（二）嚴格證明與自由證明

審判程序進行中，有許多「事實」等待法院的認定，除「犯罪事實」為審判的重心以外，尚有許多「程序事實」需證明。

「犯罪事實」涉及被告刑事責任（例如：被告究竟有無傷害被害人的行為，被害人究竟有無受傷等事實），認定應該較為嚴格，適用「嚴格證明程序」，而「程序事實」不直接涉及被告刑責（例如：被告提起上訴究竟有無逾越 20 天上訴期間之事實），因此適用「自由證明程序」。

只要涉及證明，都有幾個基本問題：什麼證據可以拿來證明？要經過如何的調查程序？要證明到什麼程度？而嚴格證明與自由證明的差別，即需從上開幾個面向觀察。

事實的認定適用嚴格證明程序者，必須依法定的證據方法（見後述 Unit 6-3）、無證據能力的證據不得使用、需經過法定的調查程序（§164 以下）、其證明須達毫無合理懷疑的「確信」程度。

反之，程序事實的證明，適用自由證明程序，無須依法定的證據方法、無證據能力的證據亦可使用、不受法定調查程序的拘束、證明至「大概如此」的程度即可。例如：為證明被告是否有遭刑求此一事實，法院可以使用傳聞證據，而如證據足以證明到「大概有刑求」的程度，即應為被告有利的認定。

證據裁判原則

對法官而言，犯罪都是過去的事實。

而法官必須對「被告有無犯罪」，作出決定，那麼對於這個「過去的事實」，法官應如何認定？

答對了，就是證據。

以下二個事實，不用證明喔。

檢察官所提出的證據，尚且必須說服法官，達到「無合理懷疑」的確信程度，才能判被告有罪。因此，法官如果沒有證據支持，憑感覺下判斷，不僅違反無罪推定原則，也違反證據裁判原則。

無庸證明的事實
❶公眾週知之事實；❷事實於法院已顯著，或為其職務上所已知者。

嚴格證明／自由證明

例如：有罪、無罪之事實

例如：法定期間有無遵守之事實

嚴格證明	自由證明
適用對象 認定「犯罪事實」	**適用對象** 認定「程序事實」
證據方法的使用 限於「法定證據方法」	**證據方法的使用** 不限於法定證據方法
證據能力的限制 無證據能力的證據不得使用	**證據能力的限制？** 無證據能力的證據亦得使用
證明程度 需達「無合理懷疑的確信」	**證明程度** 證明至「大概如此」即可

UNIT **6-3**
證據法的基本概念（一）

（一）證據的意義

刑事程序在於確認被告是否有犯罪，因此可以證明被告犯罪事實的材料（或者可以證明被告沒有犯罪的材料），即為「證據」。例如：二十名被告涉及聚眾鬥毆罪，路口的監視器、路人、現場散落的血跡，以及二十名被告本身，都可以用來證明有無聚眾鬥毆的事實，均為證據，而這些材料，稱之為「證據資料」。

（二）證據的種類

❶供述證據與非供述證據

以「是否為人的陳述」作為區分標準，可將證據分為供述證據、非供述證據。如果是以人的陳述作為證據，稱之為供述證據，不管是用說的、用寫的，或者用手比，只要是表達人的意思者，均屬之；供述證據以外的證據，即為非供述證據。由於供述證據在法院重現，會歷經人的知覺、記憶、重現的過程，因此會有記性、不誠實、容易受外力影響等等不可靠的因素，因此供述證據會有任意性及真實性的問題，亦不得以強制力取得（因為會影響任意性），非供述證據則無此問題。

❷人證、物證、書證

此係以證據存在的狀態作為區分標準，人證是指以人的陳述為證據，物證是指以物的狀態作為證據，書證則指具有可讀性的內容作為證據。

❸直接證據、間接證據、輔助證據

可以直接證明犯罪事實的證據，稱為直接證據；須經邏輯推敲始得證明犯罪事實的證據，稱為間接證據；輔助證據則是指足以證明直接或間接證據可信度的證據。例如：看到甲入室偷竊的證人乙，為直接證據；該房門手把上的指紋，為間接證據；而乙近視五百度、最近將眼鏡送修的事實，可以證明乙的可信度較低，即為輔助證據。依實務見解，有罪判決不以有直接證據為必要，如果綜合所有的間接證據，即足以得到毫無合理懷疑的確信，亦得為有罪判決。

（三）證據方法

當檢察官將蒐集到的證據資料提出於法院以後，法院必須透過一定的程序加以調查，才能讓證據恰如其份地呈現在法庭上，這些「調查證據的方法」就稱之為「證據方法」，我國刑訴法規定的證據方法有五：被告、證人（§§175～196）、文書（§165）、鑑定（§§197～210）、勘驗（§§212～219）。每一種證據資料均必須搭配一種證據方法才能呈現在法庭上，例如，證據資料有：目擊者三人、血刀一把。如果要將目擊者的記憶重現，須依「證人」的證據方法，透過訊問、詰問與回答等方式而為調查；血刀本身則應透過「勘驗」的證據方法，將證據呈現在法庭，讓法官直接觀看；刀上的血則應送請「鑑定」，利用科技，判定是否為被告所有。

證據的種類

供述證據／非供述證據

供述證據

供述證據就是以「人的陳述」作為證據。簡言之，經由人腦，思考過後，而表現於外的，即為供述，例如：比中指、指認、說話。

非供述證據

供述證據以外之證據即為「非供述證據」，例如人像、血刀

人證／物證／書證

人證

以人的陳述作為證據

物證

以物的狀態作為證據

書證

該證據具有可讀性者

直接證據／間接證據／輔助證據

待證事實

直接證據

可直接證明（或否定）待證事實的證據。例如，甲說：「我看到A殺人。」

間接證據

無法直接證明待證事實，而須經邏輯推論始能證明待證事實的證據。例如，乙說：「我看到A洗血衣。」

輔助證據

證明直接證據或間接證據可信度的證據。例如，丙說：「甲與A有私怨。」又如，丁說：「乙有近視。」

UNIT **6-4**
證據法的基本概念（二）

（四）證據能力與證明力

❶證據能力

證據能力又稱證據資格，係指得以在法庭上調查的資格，有證據能力的證據，才可以在法庭上調查。我國法對於證據能力的認定，是採取負面判斷的方式，亦即僅就無證據能力的情形設有規定，如未被此些規定排除證據能力的證據，即認為有證據能力。關於證據能力的規定，例如：「自白法則」、「傳聞法則」、「證據禁止法則」均屬證據能力的規定。證據能力原則上應由法院在準備程序時判斷（§273 II），以避免無證據能力的證據進入法院污染法官的心證。

❷證明力

證明力又稱為證據價值，是指證據的可信度高低而言。證據必先經判斷有證據能力，才能進一步判斷證明力；無證據能力的證據就算證明力很高，仍不得作為判斷的依據。

（五）舉證責任

❶舉證責任的意義

如當事人雙方的舉證活動都已經告一段落，但是法官仍然對於犯罪事實存否有疑問者，應該判決何人敗訴？此即舉證責任理論欲解決的問題。易言之，負有舉證責任者，在法院認為事實真偽不明時，應承擔不利的結果。在我國，舉證責任原則上由檢察官負擔，在檢察官所提出的證據無法使法院對於被告的犯罪事實得到毫無合理懷疑的確信時，即應為有利於被告的判斷，法院應判決被告無罪。

❷舉證責任的範圍

犯罪事實可細分為構成要件該當性的事實、阻卻違法的事實、阻卻責任的事實。雖然有學者認為阻卻違法、阻卻責任事實應由被告盡舉證責任。然而在我國法制下，不採上述說法，上開事實的證明，均由檢察官負舉證責任，被告不負舉證責任。

（六）舉證責任與法院的調查義務

刑事訴訟呈現「法院—檢察官—被告」的三面關係，而我國採取改良式當事人原則，因此舉證應該由當事人為之，但因刑訴法第 163 條第 2 項規定「法院為發見真實，得依職權調查證據。但於公平正義之維護或對被告之利益有重大關係事項，法院應依職權調查之。」因此，法院仍負有一定的調查義務。法院依本條的職權調查範圍為何，經最高法院三度作成決議加以闡釋，略述如下：

❶ 91 年度第 4 次刑庭決議

①當事人、代理人、辯護人或輔佐人聲請調查而客觀上認為有必要。

②第 163 條第 2 項但書情形。

③第 163 條第 2 項前段規定法院為發見真實，經裁量後，在客觀上又為法院認定事實，適用法律之基礎者。

❷ 100 年度第 4 次刑庭決議

①第 163 條第 2 項但書的情形，應專指利益被告而攸關公平正義者而言。

②至案內存在形式上不利於被告之證據，應提醒檢察官聲請調查。

❸ 101 年第 2 次刑庭決議

①第 163 條第 2 項但書的情形，應專指利益被告而攸關公平正義者而言。

②法院無接續檢察官舉證活動的義務，因此案內不利於被告之證據，法院無調查義務。

證據能力／證明力

證據資料

證據能力的判斷

（通過自白法則、意見法則、傳聞法則、關連性法則、信用性法則、證據排除法則的檢驗，而未被否定證據能力者，有證據能力）

無證據能力者，不得作為法院認定之基礎

有證據能力者，進入法院，可作為判斷基礎

嗯……A證據較可信，證明力高；B證據較可疑，證明力低。

（有證據能力的證據，進入法院作為判斷基礎後，才有證明力判斷的問題）

舉證責任

法院

原則上不主動職權調查，例外於第163條第2項但書且有利被告時，始依職權調查。

被告

原告受無罪推定原則保護，無舉證責任。

檢察官

負舉證責任，應負責將被告之犯罪嫌疑證明至無合理懷疑之程度。

UNIT **6-5**
證據法則——自白法則（一）

圖解刑事訴訟法

（一）自白的意義

自白是指「被告承認犯罪事實的陳述」。自白以往被稱為證據之王，因為只要被告開口說了，循線找尋其他證據便非難事，也提供了審訊者刑求逼供、違法取證的誘因（周星馳九品芝麻官中就有刑求戚秦氏的橋段）。刑求造成的冤獄難以盡數，因此刑事訴訟法對於被告自白，採取戒慎的態度，必須自白出於被告的自由意志，才能使用，因此自白的證據能力，中心思想即在於「自白任意性」。

（二）自白的證據能力

依本法之規定，自白如有下述情形，其證據能力即有瑕疵：

❶自白非出於任意性

依刑訴法第 98 條之規定，訊問被告應該要態度懇切，不得用強暴、脅迫、利誘、詐欺、疲勞訊問或其他不正當的方法。學理上稱之為自白任意性。違反上開規定者，所獲得的自白無證據能力（§156 I，重要！）

❷訊問時未全程連續錄音錄影

訊問被告可能會有刑求的情形，而在訴訟上對於究有無遭刑求一點，往往難以證明，因此現行法規定，訊問被告除非有急迫情形來不及錄音以外，應全程連續錄音，必要時則需錄影（§100-1 I）；如果未全程錄音，程序違法，依權衡法則判斷其證據能力。另外，如筆錄內所載被告陳述與錄音或錄影的內容不符者，其不符的部分，不得作為證據（§100-1 II）。

❸違反夜間訊問禁止的規定

夜間為一般人的休息時間，通常精神狀態也會較差，因此原則上禁止夜間訊問（§100-3），目的亦在於保障被告得依自由意志而為陳述。如違反夜間訊問禁止的規定者，依第 158 條之 2 第 1 項，原則上無證據能力。

❹未盡告知義務

依第 95 條第 1 項，訊問被告應先告知以下事項：一、犯罪嫌疑及所犯所有罪名。罪名經告知後，認為應變更者，應再告知。二、得保持緘默，無須違背自己之意思而為陳述。三、得選任辯護人。如為低收入戶、中低收入戶、原住民或其他依法令得請求法律扶助者，得請求之。四、得請求調查有利之證據。如疏未告知上開第二、三款之事項，依第 158 條之 2 第 2 項的規定，原則上無證據能力（但注意，本條項是限定在檢察事務官、司法警察（官）詢問受拘提、逮捕之被告或犯嫌時，始有適用）。而如未告知上開第一、四款事項，則依第 158 條之 4 判斷其證據能力。

❺在不予計時的期間內訊問者

因拘提或逮捕被告，在 24 小時內應解送至指定處所或聲請羈押，但有一些障礙事由發生時，經過的時間不予計算（§93-1），而第 93 條之 1 第 2 項則規定，在上開經過時間內不得訊問，如違反者，依第 158 條之 2 第 1 項原則上無證據能力。

📖 小博士解說

檢察事務官、司法警察（官）詢問受拘捕到場的被告，而無辯護人的被告表示已選任辯護人時，應即停止詢問，如繼續詢問，依第 158 條之 2 第 2 項，原則上無證據能力。

自白非出於任意性 —— 無證據能力

自白如係因強暴、脅迫、利誘、詐欺、疲勞訊問或其他不正當方法，而不具有任意性者，無證據能力（§156 I）。

訊問被告未連續錄音 —— 證據能力應依權衡法則判斷

訊問被告除非有急迫情形來不及錄音以外，應全程連續錄音，必要時則需錄影（§100-1 I）；如果未全程錄音，程序違法，依權衡法則判斷其證據能力。

違反夜間訊問禁止的規定 —— 原則上無證據能力

在夜間訊問被告，易導致疲勞訊問，影響被告自白的任意性，因此原則上禁止，如違反，依第158條之2第1項的規定，此證據原則上會排除。

未盡告知義務，證據能力有瑕疵

訊問前告知事項（§95 I）

告知罪名（§95 I ①）		§158-4	
得保持緘默（§95 I ②）	未告知之效果	§158-2 II	（但應注意要件）
得選任辯護人（§95 I ③）		§158-2 II	（但應注意要件）
得請求調查有利之證據（§95 I ④）		§158-4	

在不予計時之期間內訊問者，原則上無證據能力

在以下之經過時間內訊問者（§93-1 I、II），依§158-2 I之規定，原則上無證據能力：

因不可抗力事由所致遲滯	在途解送時間	不得夜間訊問之期間	因健康之突發事由
等候辯護人或輔佐人之期間	等候通譯之期間	候保或候責付中	犯罪嫌疑人經法院提審之期間

UNIT **6-6**
證據法則——自白法則（二）

（三）自白禁止使用的效力範圍

自白如經判斷無證據能力，在訴訟上即被禁止使用。例如：被告在刑求下所為的自白，應予禁止。問題是，如果警察已經依照被告的自白，找到下一個證據（衍生證據），這個衍生證據是否應予禁止使用？諸如此等自白禁止使用的效力範圍問題？即為此處所欲探討者：

❶直接效力

直接效力係指，直接受到違法取證行為影響的自白，應排除使用。例如：偵訊人員違反告知義務，所取得被告的自白，其判斷無證據能力者，不得使用；又如以強暴、脅迫方式，取得被告第一次的自白，應排除使用，惟如第二次訊問時，雖無強暴脅迫，但被告心中仍有上次遭強暴、脅迫的陰影，致影響其自白的任意性，此時仍應排除使用，蓋因其仍屬第一次不正訊問方法直接影響下所產生。

❷放射效力（毒樹果實理論）

放射效力，是指偵訊人員基於違法取得的被告自白（毒樹），循著自白的內容，進而取得的證據（衍生證據，毒果），亦應予以排除。例如：基於不正訊問方法取得的被告自白，供稱其殺人的小刀埋在鐵橋底下，檢警進而在該地起出小刀，證物小刀應否排除？依多數說，原則上第一次衍生的證據應予排除。

（四）非任意性自白的調查

如被告在訴訟中主張自白是因為不正方法所取得，則關於「自白是否出於不正方法」此點，法院「應先於其他事證而為調查。」（§156 III），因為如果自白的任意性有欠缺，其內容自有疑義，為了避免在確定是否為「非任意性自白」之前，已經影響法院的心證，故規定應先於其他證據而為調查。再者，檢察官對於自白的取得有無違法，應負舉證責任，此見本法第 156 條第 3 項的規定「該自白如係經檢察官提出者，法院應命檢察官就自白之出於自由意志，指出證明之方法。」

（五）自白的證明力

由於自白容易遭濫用，偵查機關有違法取得自白的誘因，現今的刑事訴訟制度，對於自白往往較為戒慎，因此，本法規定，自白不能當作被告有罪的唯一證據，應該調查其他證據，以確定自白與事實是否相符（§156 II），此即自白的補強證據。至於補強證據應證明到何等程度始為妥當？依大法官釋字第 582 號解釋的見解，認為所謂的「補強證據」，應具備證據能力，而其證明力之程度，應該以補強證據與自白相互印證、對照，綜合判斷以後，達到足以確信自白犯罪事實真實性的程度，才符合補強證據的證明程度。

自白禁用的直接效力、放射效力

警察刑求被告

取得第一次自白

→ 依自白內容循線取得其他證據

→ **放射效力**
基於該自白而取得的第一個證據應排除

→ 取得第二次自白

→ **直接效力**
如刑求效果延續到第二次自白，該自白仍應排除

非任意性自白的調查

好，那麼在開始調查其他證據之前，我們先來調查自白任意性這個問題。

報告法官，我是被警察以不正當方法（如強暴、脅迫、疲勞訊問）訊問，才會自白的呀。

自白應有補強證據

我那天…………

（被告自白）

→ 只有被告自白，別無其他證據，不得判被告有罪

我那天…………

（其他證據）

→ 被告自白加上其他證據（補強證據），才能判決被告有罪

111

UNIT **6-7**
傳聞法則的意義、適用的程序

(一)傳聞法則的意義

傳聞法則即為「排除傳聞證據的法則」,而傳聞證據是指「被告以外之人(多指證人)於審判外之陳述」。一般認為,人的證言並不可靠,舉凡人的觀察能力、理解能力、記憶能力、表達能力以及誠實度等等,均具有不可靠的性質。證言既然存有不可靠的疑慮,就該給被告一個在法庭上質疑證言的機會(即反對詰問權),而審判外的陳述經常未經被告在法庭上反對詰問,因此該證言(傳聞證據)應予排除,僅於該證言具有可信性、必要性時,例外允許。由此可知,傳聞法則中心思想在於保護被告的反對詰問權。

(二)傳聞證據的定義

什麼是傳聞證據?本法第 159 條第 1 項有簡單的定義:「被告以外之人於審判外之言詞或書面陳述⋯⋯」本條意義析述如下:

❶被告以外之人

包括證人、被害人、共同被告、共犯等,均屬於被告以外之人,依照這個定義,「被告」於審判外的陳述就不是傳聞證據。

❷審判外

係指本案準備程序與審判程序以外。

❸陳述:係指供述證據。

❹另參照參照學者及美國法的說明,傳聞證據係指,被告以外之人於審判外的陳述,且該陳述的提出,是為了證明待證事項的真實性。

(三)傳聞證據的種類

被告以外之人於審判外的供述,可能是透過其他證人的轉述而進入法院

(如:甲出庭表示,乙在審判外對我說,A 是犯人),亦可能是透過錄音帶、書面陳述等方式進入法院,不論是以何種方式進入法院,均屬傳聞證據。此種透過證人轉述的情形,稱之為傳聞證人,其他如以錄音帶等等方式進入法院者,則稱之為供述替代品。

(四)傳聞法則檢驗程序

遇到傳聞法則的問題,可以依照下述順序判斷:❶判斷該程序是否適用傳聞法則,如是,進入下一階段;❷判斷該證據是否為傳聞證據,如是,進入下一階段;❸判斷是否有傳聞法則例外情形?如無,證據應予排除。如有,證據容許使用。

(五)不適用傳聞法則的程序

傳聞法則僅適用於應適用嚴格證明法則的程序,不適用於自由證明法則的程序(下述第❶、❹),另外,某些基於迅速考量的程序,也不適用傳聞法則(下述❷、❸、❺)。基此,本法第 159 條第 2 項、第 455 條之 11 第 2 項規定,下述程序不適用傳聞法則:❶起訴審查程序;❷簡式審判程序; 簡易判決處刑;❹強制處分之審查程序;❺協商程序。

🔲 小博士解說

實例解說

最高法院認為現場照片、電話的通聯紀錄等,為照相機、電腦的機械作用,並不涉及人的記憶、陳述的過程,不涉及人的知覺判斷,其性質並非人的供述,屬於非供述證據,故不適用傳聞法則。

傳聞證據

法庭上

乙

甲說B是兇手

法庭外

甲

B是兇手

證人甲在法庭外說了:「B是兇手」這句話,不論該句話是以錄音光碟(或錄音筆)、紙條、經由其他人轉述等等方式進入法院(例如:乙在法庭上轉述甲的審判外陳述),都不會變更其「傳聞證據」的性質。

傳聞法則之原理

(傳聞法則就是排除傳聞證據的法則。雖說如此,我國法仍存有許多例外規定,亦即,例外不排除傳聞證據)

原則排除

傳聞證據

例外容許

(傳聞法則的例外,主要是因為該證據具有:
❶可信性;
❷必要性)

傳聞法則之檢驗流程

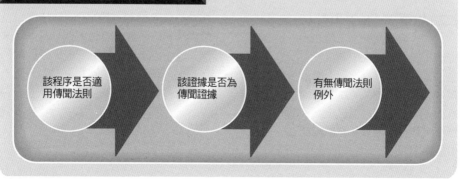

該程序是否適用傳聞法則

該證據是否為傳聞證據

有無傳聞法則例外

UNIT **6-8**
傳聞法則的例外（一）

傳聞法則的存在，主要是為了保護被告的反對詰問權，以避免那些不可信、且未經被告反對詰問的審判外陳述為法院所使用，而損害被告權利，因此如果該審判外陳述例外特別具有可信性，且有使用的必要性（無此證據不可），則例外允許該傳聞證據的使用，傳聞法則的例外即基於此等思想而建立。本法第 159 條第 1 項規定，傳聞證據，除法律有規定者外，不得作為證據。此處的「法律有規定者」，就是指傳聞法則例外情形，具體規定於第 159 條之 1 至 159 條之 5（最高法院有認為第 206 條第 1 項亦屬傳聞例外），以下分別介紹之：

（一）法官前的陳述

本法第 159 條之 1 第 1 項規定，被告以外之人於審判外向法官所為之陳述，得為證據。此處所稱法官前的陳述，是指在本案程序以外的程序，向法官所為的陳述（例如：其他刑事案件或民事案件、或少年事件）。本條立法理由認為，法官一般較無違法取證的疑慮，被告以外之人均係在任意陳述的信用性已受確定保障的情況下所為，因此其可信性受到擔保。

（二）檢察官前的陳述

本法第 159 條之 1 第 2 項規定，被告以外之人於偵查中向檢察官所為之陳述，除顯有不可信之情況者外，得為證據。本項與第 1 項的法官前陳述相比，多了「除顯有不可信之情況」的要素，應予注意。本條立法理由認為：偵查中檢察官向被告以外之人所取得的陳述，原則上均能遵守法律規定，不致違法取供，其可信性極高，故而於第 2 項明定此種例外。

（三）先前不一致的陳述

❶本法第 159 條之 2 規定：「被告以外之人於檢察事務官、司法警察官或司法警察調查中所為之陳述，與審判中不符時，其先前之陳述具有較可信之特別情況，且為證明犯罪事實存否所必要者，得為證據。」此種例外情形是指該證人於審判外，在偵查輔助機關前有陳述（傳聞證據），於審判中又作了另一陳述（非傳聞證據），而且前後陳述不一致，如果該傳聞證據具有可信性，以及必要性，即不排除。

❷最高法院認為，前後不一致的陳述並包括審判外陳述詳盡，於審判中陳述簡略，甚至改稱忘記、不知道或拒絕證言等前後不符的情形。

😀小博士解說

因「徐自強」案而作出的大法官釋字第 582 號解釋認為，詰問證人之權是被告的憲法權利，除客觀上證人不能受詰問者外，於審判中，應依法踐行詰問程序。最高法院為避免違反大法官解釋意旨，乃認為傳聞證據符合第 159 條之 1 的二項例外（即法官前、檢察官前的陳述）者，固然有證據能力，但應於審判程序中，讓被告有詰問該證人的機會，如此調查程序才完備。

傳聞法則例外的原理

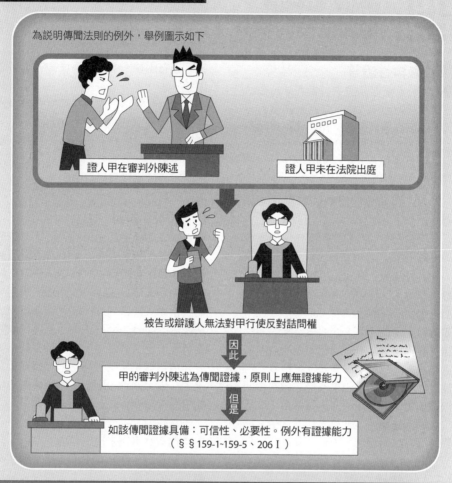

為說明傳聞法則的例外，舉例圖示如下

證人甲在審判外陳述

證人甲未在法院出庭

被告或辯護人無法對甲行使反對詰問權

因此

甲的審判外陳述為傳聞證據，原則上應無證據能力

但是

如該傳聞證據具備：可信性、必要性。例外有證據能力
（§§159-1~159-5、206 I）

傳聞法則例外 —— 法官／檢察官前所為陳述、先前不一致陳述

本案「審判程序」

審判外的陳述

（於「他案」法官前
所為的陳述）

（於檢察官前所為
的陳述）

（於司法警察（官）前所
為前後不一致的陳述）

UNIT *6-9*
傳聞法則的例外（二）

(四)難再性證言

❶難再性證言是指證人於審判外、在偵查輔助機關前陳述後（審判外陳述），因下述四種情形，難以在審判中再為陳述，其陳述又具有可信性、必要性時，例外有證據能力（§159-3）：

　①死亡者；

　②身心障礙致記憶喪失或無法陳述者；

　③滯留國外或所在不明而無法傳喚或傳喚不到者；

　④到庭後無正當理由拒絕陳述者。

❷本條規定此種難再性證言，必須是在偵查輔助機關前所為者，始符合要件，如此一來，在其他人面前所為陳述即無法「直接適用」本條（例如臨死前向醫師陳述），為此，最高法院認為該難再性的審判外陳述，如果不是在偵查輔助機關前所為者，如該陳述符合第159條之3的其他要件，則得「類推適用」該條。

(五)特信性文書

第159條之4規定，下列文書（以文書方式紀錄的審判外陳述）可為證據：「（一）除顯有不可信之情況外，公務員職務上製作之紀錄文書、證明文書。（二）除顯有不可信之情況外，從事業務之人於業務上或通常業務過程所須製作之紀錄文書、證明文書。（三）除前二款之情形外，其他於可信之特別情況下所製作之文書。」此等文書之所以可為證據，是因為該等文書經常是在業務過程不間斷的紀錄（例行性），通常沒有偽造的動機，且經常處於受其他業務單位檢查的狀態，可信性較高，又如讓製作者於法庭上重現過去之事實或數

據，亦有困難，因此該等文書亦具有必要性，本法例外容許此等文書。第159條之4的判斷重點在於，該文書是否具有「例行性」？最高法院即曾認為，一般診斷證明書固具有例行性，但是「供訴訟專用」的診斷證明書，即不具例行性而不得依本條取得證據能力。

(六)同意法則

❶當事人如同意使用傳聞證據，意味放棄反對詰問權的行使，因此本法第159條之5第1項規定：「被告以外之人於審判外之陳述，雖不符合前四條之規定，而經當事人於審判程序同意作為證據，法院審酌該言詞陳述或書面陳述作成時之情況，認為適當者，亦得為證據。」此種情形稱為「明示同意」，原則上當事人一表示同意，即不得撤回，僅於下述情形得撤回其同意：

　①法院尚未進行該證據的調查；

　②他造當事人未提出異議；

　③法院認為撤回同意係屬適當。

❷另外如當事人、代理人或辯護人於法院調查證據時，知有第159條第1項不得為證據之情形，而未於言詞辯論終結前聲明異議者，法律上就當作其等人已經同意使用該證據（§159-5 II），此種情形稱為「擬制同意」。

🙂 小博士解說

最高法院認為鑑定人依本法第206條第1項之規定，提出書面報告，該報告即屬於第159條第1項所稱「法律有規定」的情形，而為傳聞法則例外。

傳聞法則例外 —— 難再性證言

符合下述三個條件的審判外陳述，有證據能力，法院能使用。

審判外陳述

審判外，在❶司法警察（官）或❷其他之人前所為陳述

必須此審判外證人的陳述很可信，也有必要使用

後來證人死亡了、或者記憶喪失、無法陳述或無法傳喚到庭、拒絕陳述等

傳聞法則例外 —— 特信性文書

第159條之4的「特信性文書」，同樣具有可信性、必要性。而判斷是否為特信性文書，一個最重要的標準，在於「例行性」。

診斷證明
————
————
XX醫師

診斷證明
————
（供訴訟專用）
XX醫師

例如：最高法院曾針對醫師出具的診斷證明書，認為上面載有「供訴訟專用」，不具有例行性，並非特信性文書。

傳聞法則例外 —— 同意法則

明示同意，或擬制同意，均例外使傳聞證據有證據能力。

被告
我同意
有證據能力

明示同意

被告
我沒意見
（或未表示意見）

擬制同意

UNIT **6-10**
證據排除法則（一）

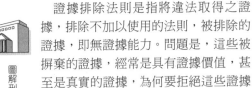

（一）證據排除法則的原理

證據排除法則是指將違法取得之證據，排除不加以使用的法則，被排除的證據，即無證據能力。問題是，這些被摒棄的證據，經常是具有證據價值，甚至是真實的證據，為何要拒絕這些證據呢？

此乃因本法對於取證程序設有嚴格的規範（例如前章介紹的強制處分），如果執法人員違反取證程序而取得了證據，我們不禁止法院使用該證據的話，這些取證程序就會形同虛設而無實際作用；反過來說，如果我們對於執法人員違法取得的證據，不論其違法情狀輕重，一概予以排除，也會對發現真實的目的有違。證據排除法則即必須在發現真實及保障人權二大目的中權衡。

學者認為證據排除法則的目的有三：❶保障人權；❷維持司法的正潔；❸抑制違法偵查。

（二）證據排除法則的法律依據

將本法證據排除的法律依據，以其排除力的強弱，分類為「絕對排除」、「原則排除，例外容許」，以及「相對排除」的規定等三類：

❶絕對排除

所稱絕對排除，是指一有下述違法情形，即應予排除，無權衡餘地。

①第 156 條第 1 項：被告的自白，如果是因強暴、脅迫、利誘、詐欺、疲勞訊問、違法羈押或其他不正的方法而取得者，不得作為證據。

②第 101 條之 1 第 2 項：筆錄記載了被告的陳述，如筆錄有誤，而與錄音、錄影內容相對照，筆錄有不符之處，其不符的部分，不得作為證據。

❷原則排除，例外容許

①第 158 條之 2：第 158 條之 2 第 1 項規定，違背第 93 條之 1 第 2 項障礙期間不得訊問規定、第 100 條之 3 第 1 項夜間禁止詢問之規定者，所取得被告或犯罪嫌疑人的自白及其他不利的陳述，不得作為證據。但經證明其違背非出於惡意，且該自白或陳述係出於自由意志者，不在此限。第 158 條之 2 第 2 項則規定，偵查輔助機關詢問時違反第 95 條第 1 項第 2 款、第 3 款告知義務的規定或者違反第 95 條第 2 項，在被告表明已有選任辯護人時仍未停止詢問者，其效果準用第 158 條之 2 第 1 項的規定。

②第 158 條之 3：本條規定：「證人、鑑定人依法應具結而未具結者，其證言或鑑定意見，不得作為證據。」依法條文義，是採絕對排除的立法方式，然而最高法院 102 年第 13 次刑庭決議認為，證人在檢察官前所為陳述，固然需經具結始為適法，未經具結的證言，原則上無證據能力，惟如果該未經具結的證言，具有可信性、必要性者，此時例外不予排除（最高法院的結論是參照本法第 159 條之 2、159 條之 3 的法理而來）。於是在最高法院的解釋下，本條成為原則排除、例外容許的規定。

❸相對排除

參照 Unit 6-11。

證據排除法則之原理

以後還是可能會有違法取證行為

如果不排除

違法取證

排除證據

改善取證行為

搜索票

進而達到三個目的
❶保障人權；
❷維持司法的正潔；
❸抑制違法偵查

證據排除法則的法律依據

絕對排除	原則排除，例外容許	相對排除
NO	原則　例外	傷腦筋，究竟要不要排除呢？
意義 一旦違反「絕對排除」的規定，即予排除。	**意義** 原則上，違反此等規定，即應予排除；例外容許。	**意義** 違反此等規定，由法院依個案裁量，以決定是否排除。
第156條第1項「非任意性自白的排除」。	第158條之2「障礙期間不得訊問而訊問之違法」、「夜間詢問之違法」。	第158條之4「其他違法取證之情形」。（亦即在其他法律並無規定時，才適用）
第101條之1第2項「筆錄與錄音錄影不符者，筆錄不符的部分應排除」。	第158條之3「證人、鑑定人陳述時未具結之違法」。（參照最高法院102年第13次刑庭決議）	第131條第4項「陳報併撤銷程序」、第416條第2項「法院撤銷搜索、扣押處分之證據排除」。

UNIT **6-11**
證據排除法則（二）

（三）相對排除的規定（權衡法則）

本法採相對排除之規定者，有三：

❶第 158 條之 4

本條規定：「除法律另有規定外，實施刑事訴訟程序之公務員因違背法定程序取得之證據，其有無證據能力之認定，應審酌人權保障及公共利益之均衡維護。」此處「法律另有規定」是指前述（一）（二）關於「絕對排除」或「原則排除，例外容許」的情形，亦即如有其他證據排除的規定可適用，就優先適用該規定，不適用本條。又本條所稱「審酌人權保障及公共利益之均衡維護」一般認為是採權衡法則。所謂權衡法則，是指違法取得的證據，究竟是否排除，應由法院就違法情狀、被告權利損害的程度，以及犯罪危害的輕重等因素加以考量、加以權衡，以決定是否排除。在權衡法則之下，違法取得的證據不一定會遭排除的命運，因此又稱相對排除。最高法院 93 年台上字第 664 號判例則認為法官在決定是否排除時，應考量下述八因素：

①違背法定程序之程度。

②違背法定程序時之主觀意圖（即實施搜索、扣押之公務員是否明知違法並故意為之）。

③違背法定程序時之狀況（即程序之違反是否有緊急或不得已之情形）。

④侵害犯罪嫌疑人或被告權益之種類及輕重。

⑤犯罪所生之危險或實害。

⑥禁止使用證據對於預防將來違法取得證據之效果。

⑦偵審人員如依法定程序，有無發現該證據之必然性。

⑧證據取得之違法對被告訴訟上防禦不利益之程度等情狀予以審酌，以決定應否賦予證據能力。

例如：警員依現行犯逮補被告後，違反第 130 條的規定，搜索非被告立即可觸及的處所，而取得的毒品一小包，為違法搜索所取得的證據，是否排除，應由法院依照上述八大因素加以考量，例如該毒品量的多寡、是僅供自己施用或意圖販賣（犯罪所生之危險或實害）、警員的違法是故意或過失（違背法定程序時之主觀意圖）等等事項後決定是否排除。

❷第 131 條第 4 項

本項規定，偵查機關所為的逕行搜索（§131 I）及緊急搜索（§131 II），執行後應向法院陳報，卻漏未陳報，或陳報後遭法院撤銷該搜索時，該次搜索所取得的證據，即得由法院權衡後決定是否作為證據。

❸第 416 條第 2 項

本項規定，對於審判長、受命法官、受託法官或檢察官所為之搜索、扣押處分有不服者，受處分人得聲請所屬法院撤銷或變更之。該搜索、扣押經撤銷者，審判時法院得權衡決定所扣得之物，是否應予排除。

相對排除法則

相對排除法則的法律規定有三條：第158條之4、第131條第4項、第416條第2項。其中第158條之4的「審酌人權保障及公共利益之均衡維護」的要件，在實務上，究竟如何操作？最高法院93年台上字第664號判例認為主要應考慮此八個因素：

這個取證過程違反要件1、2、3，違反的程度重大，證據應排除

違背法定程序之程度高低

（執法人員是否惡意？）違背法定程序時之主觀意圖

侵害犯罪嫌疑人或被告權益之種類及輕重

違背法定程序時之狀況（例如狀況是否緊急？）

禁止入內地

犯罪所生之危險或實害

證據取得之違法對被告訴訟上防禦不利益之程度

搜索票

禁止使用證據對於預防將來違法取得證據之效果

證據

合法？ 非法？

偵審人員如依法定程序，有無發現該證據之必然性

UNIT *6-12*
私人不法取證

實施刑事訴訟的公務員可能違法取證，私人（實施刑事訴訟的公務員以外之人）亦可能違法取證，例如：被害人家屬逮獲 A，限制其自由、加以刑求後取得 A 的自白。在公務員違法取證的情形，本法設有諸多處理其證據能力的規定（見 Unit 6-10、6-11）；然而在私人不法取證時，本法並未設有規定，此見本法第 158 條之 4 可知：「除法律另有規定外，實施刑事訴訟程序之公務員因違背法定程序取得之證據……」，因此私人不法取得的證據是否應排除，即成為學界的爭議問題，常見學說分述如下：

（一）美國實務

美國實務多數見解認為，證據排除法則的目的在於抑制違法偵查，透過證據排除的效果，減少警察違法取證的動機。而私人不法取證並非警察的違法取證行為，就算排除私人不法取得的證據，也不會達到抑制違法偵查的效果，故而應無排除的必要。

（二）德國實務（三階理論）

德國聯邦憲法法院認為，私人不法取證行為所侵害的隱私權，可分為三個層級，第一，稱為核心隱私領域，因不法取證行為而侵害此領域隱私權者，證據排除。第二，稱為單純私人領域隱私權，侵害此等隱私權而不法取證者，由法院權衡是否排除。第三，為社交範圍隱私權，不法侵害此領域隱私權而不法取證者，無庸排除。

（三）法益權衡理論

此說認為，任何違法取得的證據，均需由法院在發現真實以及被告權利保障之間權衡，不因私人不法取證而有異。依此說，如經權衡結果，國家真實發現利益大於被告因不法取證而侵害的法益保護利益，則不予排除，反之，則應予排除。

（四）我國實務

最高法院 101 年度台上字第 3561 號判決認為，「偵查機關『違法』偵查蒐證適用『證據排除原則』之主要目的，在於抑制違法偵查、嚇阻警察機關之不法……此與私人不法取證係基於私人之地位，侵害私權利有別……而私人不法取證並無普遍性，且對方私人得請求民事損害賠償或訴諸刑事追訴或其他法律救濟機制，無須藉助證據排除法則之極端救濟方式將證據加以排除，即能達到嚇阻私人不法行為之效果……應認私人所取得之證據，原則上無證據排除原則之適用。」因此最高法院認為私人不法取證原則上無證據排除法則的適用，但該院認為下述二種私人不法取得的證據，仍應例外排除之：

❶私人故意對被告使用暴力、刑求等方式，而取得被告之自白。
❷違反通訊保障及監察法及刑法第 315 條之 1 而違法竊錄取得的證據。

私人不法取證vs.證據排除法則

一般習稱的「證據排除法則」是針對國家機關的取證行為而設，與私人無關：

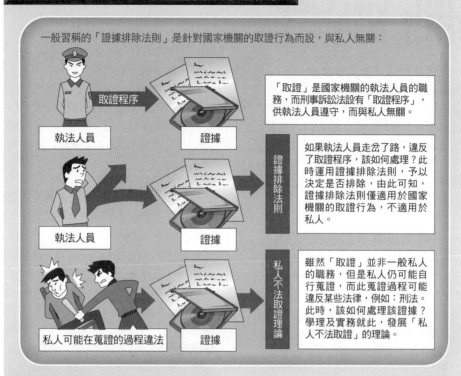

取證程序

執法人員　　　　　　　證據

「取證」是國家機關的執法人員的職務，而刑事訴訟法設有「取證程序」，供執法人員遵守，而與私人無關。

執法人員　　　　　　　證據

證據排除法則

如果執法人員走岔了路，違反了取證程序，該如何處理？此時運用證據排除法則，予以決定是否排除，由此可知，證據排除法則僅適用於國家機關的取證行為，不適用於私人。

私人可能在蒐證的過程違法　　證據

私人不法取證理論

雖然「取證」並非一般私人的職務，但是私人仍可能自行蒐證，而此蒐證過程可能違反某些法律，例如：刑法。此時，該如何處理該證據？學理及實務就此，發展「私人不法取證」的理論。

私人不法取證之處理

關於私人不法取證，該證據是否應予排除？各國實務、學說，有許多不同理論，就如同下圖，而我國法院見解，仍是在實務實踐上最重要的理論，應特別注意。但作者在此，並非否認其他理論的價值，各該理論仍可作為我們學理上、實務上的參考。

私人不法取證之處理

我國實務見解

私人取證，原則上不適用證據排除法則，但下述二種情形，法院不應使用該證據：❶私人以暴力、刑求等方式，而取得被告之自白；❷私人違法竊錄取得的證據。

美國實務

該證據無排除的必要

德國實務

依所侵害的隱私權，分三層級處理

法益權衡理論

由法院個案權衡

UNIT **6-13**
毒樹果實理論

試想這樣的情節：警察在一次違法搜索當中，取得被告藏於家中的詐欺案往來銀行名單，檢察官便依該名單發函取得被告的交易明細，假如違法搜索取得的往來銀行名單，在審判中遭法院排除，那麼後來衍生的證據—交易明細，是否應予排除？毒樹果實理論即在處理上述問題。

（一）毒樹果實理論的概念

此理論認為，違法取得的證據就如同毒樹，其後衍生的證據就如同毒樹長出的果實——毒果，亦應予以排除，因為如果僅排除第一次的證據，而不排除衍生證據，可能會使執法人員心存僥倖，無法達到抑制違法偵查的效果。

然而如果不分情形，對毒樹衍生的毒果一律排除，可能因為警察一次的疏忽而讓罪犯逍遙法外，因此美國聯邦最高法院創設四種例外情形，如符合其中一種，衍生證據即不致遭到排除的命運：

❶獨立來源例外

雖先有一個違法的強制處分存在，但是如果後來的另一個合法取證行為，在未使用到先前違法程序的任何資訊的情況下，取得了另一個證據，這個證據，即可認為是來自於獨立的來源，而無庸排除。例如：警察違法逮捕被告，取得其指紋，法院排除該指紋，但因被告有另一套合法取得的舊指紋被法院合法地調閱，將之與犯罪現場的指紋比對相符，由於該舊指紋是獨立來源，因而容許使用。

❷稀釋原則

違法取得的證據與後來衍生的證據間，因其他因素的介入，而發生稀釋，得洗清原污點。例如：警察違法逮捕被告而取得自白，被告被釋放後，又自行回警局，做了第二次自白，則因衍生證據與原證據間，介入被告自願的行為，且二次取證行為之間，已有相當的時間間距，故後來的自白因稀釋而不予排除。

❸不可避免發現原則

如無該違法取證的行為存在，仍不可避免地，會經由其他合法的取證行為發現該衍生證據，即不予排除。例如：警察違法訊問被告，得到藏屍地點後找到屍體，但當時已有一搜查隊已非常接近屍體所在，即使沒有被告的自白，也會發現該屍體，則例外不排除此衍生證據。

❹善意例外

美國聯邦最高法院在 Sheppard 一案中，認為警察相信法官簽發的搜索票為有效（雖然實際上無效），所進行的搜索取得的證據，因警察是基於善意而行動，例外容許該證據。

（二）我國是否有毒樹果實理論的適用？

答案是否定的。最高法院認為，毒樹果實理論，是英美法制理念，我國並未引用，在我國法制下，是依第158條之4判斷衍生證據的證據能力，因此如果其後取得的證據，與先前的違法取證具有前因後果之直接關聯性，則本於實質保護之法理，直接援用第158條之4認定衍生證據的證據能力即可，不用依毒樹果實理論來認定。

毒樹果實理論概說

違法取證取得的證據

偵查機關根據該證據，發動合法的追查程序

再取得其他證據

毒樹果實理論，是指違法取得的證據是毒樹，長出來的果實是毒果（係指偵查機關本於該違法的證據，依法定程序而取得的證據而言），原則上應予排除，以達「抑制違法偵查」的效果。

毒樹

毒樹果實理論的四種例外

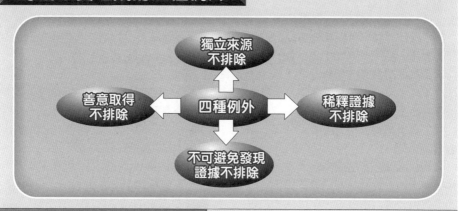

獨立來源不排除

善意取得不排除

四種例外

稀釋證據不排除

不可避免發現證據不排除

我國實務的處理方式

我國最高法院認為，刑事訴訟法並無「毒樹果實理論」之明文，因此應回歸刑事訴訟法的規定，依第158條之4處理：

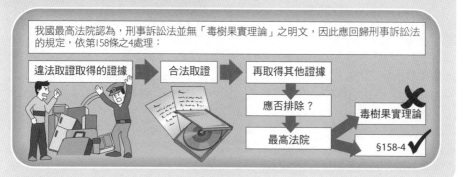

違法取證取得的證據

合法取證

再取得其他證據

應否排除？

最高法院

毒樹果實理論

§158-4 ✔

UNIT **6-14**
證據方法——被告的訊問

(一)被告的訊問程序

訊問被告的目的有二：一來在於透過訊問，讓被告有行使防禦權的機會，二來被告的訊問有助於犯罪事實的調查。本法關於訊問被告的順序如下：

❶人別訊問

訊問被告，首先應進行「人別訊問」程序，以便確認被告為何人（§§94、286），避免抓錯人。在此階段不得調查犯罪事實。

❷踐行告知義務

在人別訊問後，開始為事物訊問之前，訊問者應先踐行告知義務，告知下列事項（§95 I）：

①犯罪嫌疑及所犯所有罪名。罪名經告知後，認為應變更者，應再告知。

②得保持緘默，無須違背自己之意思而為陳述。

③得選任辯護人，如為低收入戶、中低收入戶、原住民或其他依法令得請求法律扶助者，得請求之。

④得請求調查有利之證據。

❸事物訊問

事物訊問就是「犯罪事實的訊問」，為了避免偵查機關違法取證、確保被告的供述出於其自由意志，我國法對於事物訊問，設定了嚴格的程序。在事物訊問時：

①應給予被告辨明犯罪嫌疑的機會，如有辨明，應命就其始末連續陳述，如被告主張有利的事實者，應命令被告提出證明的方法（§96）。

②不得以不正當的方法訊問被告（§§98、156 I）。

③被告有數人時，應分別訊問之，其未經訊問者，不得在場。但因發見真實之必要，得命其對質。被告亦得請求對

質（§97 I）。

④司法警察（官）原則上不得在夜間詢問被告（§100-3）。

⑤訊問時，應全程連續錄音（§100-1）。

(二)共同被告的訊問

❶共同被告的定義

在同一個程序中，僅有一名被告，稱為單獨被告，有一名以上之被告者，稱為共同被告，共同被告的形成，係因案件相牽連而於同一程序合併處理所致（§7②～④）。

❷共同被告自白（供述）的性質

共同被告自白此一用語並不精確，因為只有在被告自己的案件中所陳述者，始得稱為「自白」，如果是對於其他共同被告的犯罪事實而為陳述，應是立於證人的地位所為的「證言」（釋字582）。例如：甲與乙共犯竊盜罪，甲說「我有竊盜」，對於甲案而言，該陳述為自白，而甲說「乙與我一起竊盜」，對甲自己的案件而言，固然是「自白」，但是對乙案而言，此為證人甲的證言，不應稱為「自白」。

❸共同被告的調查程序

共同被告對於他共同被告的案件而言，立於證人的地位，故應依「證人」的程序訊問之，因此，首先法院應「以裁定將共同被告之調查證據或辯論程序分離」（§287-1），再來，「法院就被告本人之案件調查共同被告時，該共同被告準用有關人證之規定」（§287-2）。

被告的訊問程序

你的姓名、身分證號碼、生日、地址為何？

我叫…住在…

❶你因為XX罪嫌接受訊（詢）問。❷你可以保持緘默，不用違背自己的意思而為陳述。❸你可以選任辯護人。❹你可以請求調查有利的證據

事物訊（詢）問之程序，應遵守：
❶應給予被告辨明犯罪嫌疑的機會，如有辨明，應命就其始末連續陳述，如被告主張有利的事實者，應命令被告提出證明的方法（§96）。
❷不得以不正當的方法訊問被告（§§98、156Ⅰ）。
❸被告有數人時，應分別訊問之，其未經訊問者，不得在場。但因發見真實之必要，得命其對質。被告亦得請求對質（§97Ⅰ）。❹原則上不得在夜間詢問被告（§100-3）。
❺訊問時，應全程連續錄音錄影（§100-1）

| 人別訊（詢）問 | → | 踐行告知義務 | → | 事物訊（詢）問 |

共同被告的意義

單獨被告

共同被告：同一個程序中有「二個以上」的被告

共同被告自白的性質及調查程序

例如：甲乙共同犯竊盜罪，甲開門鎖，乙破壞窗戶，分工合作。甲乙被一併起訴，但此時有二個案件（甲犯竊盜罪—甲案件；乙犯竊盜罪—乙案件）

乙說：我有竊盜→對乙案件案件而言，為乙的自白

乙說：甲跟我一起竊盜→對甲案件而言，乙的供述為甲案的證人，法院應分離程序而調查。

127

UNIT **6-15**
證據方法——證人

圖解刑事訴訟法

（一）概說

　　證人，即對於待證事實有所見聞，而在訴訟程序中表達其所見聞之事的人。證人屬於供述證據，但應注意，如係以人的身體狀態作為證據（例如身上有無瘀傷），無須經過人的表達的過程，則其證據方法並非證人，而屬於勘驗或鑑定。

（二）證人的義務

　　如果在個案中，證人對於證明犯罪事實是必要的，證人就有「到場義務」。為使證人到場，法院得傳喚證人（§175），如證人經合法傳喚，無正當理由不到場者，得處罰鍰，並得拘提之（§178）。

　　為擔保證人的證言是真實的，證人負有「具結義務」，具結是指證人以書面方式保證自己所講的話是真實的，具結後證人如有虛偽陳述者，構成偽證罪（刑法§168）。原則上，證人應該要具結，但如證人未滿 16 歲，或者因精神障礙，無法瞭解具結的意義及效果者，法院不得命其具結（§186 I）。

（三）拒絕證言

　　證人應真實陳述，但如對於案件有特定職務、業務或身分關係之人，強令其出庭作證，不啻是強人所難，因此本法明定此等關係之人得拒絕證言，得拒絕證言之人如下：

❶職務上應守秘密之公務員（§197）

　　惟如經該公務員上級機關允許作證者，不得拒絕證言。

❷業務上應守秘密之人

　　證人如為醫師、藥師、助產士、宗教師、律師、辯護人、公證人、會計師或其業務上佐理人或曾任此等職務之人，其業務具有秘密性並與業務相對人而言，有高度信賴關係，除經本人允許者外，得拒絕證言（§182）。

❸具有特定身分關係之人

　　證人有下列情形之一者，得拒絕證言（§180）：

　　①現為或曾為被告或自訴人之配偶、直系血親、三親等內之旁系血親、二親等內之姻親或家長、家屬者。

　　②與被告或自訴人訂有婚約者。

　　③現為或曾為被告或自訴人之法定代理人或現由或曾由被告或自訴人為其法定代理人者。

❹因作證可能使自己或與其有特定關係之人受刑事追訴或處罰者，得拒絕證言（§181）

　　依本條規定拒絕證言者，必須要針對所問的個別具體問題，逐一分別主張，不得概括拒絕回答一切問題。

（四）證人的訊問

　　訊問證人，得命其就訊問事項的始末連續陳述（§190）。訊問證人與訊問被告，都是在「問人」，性質上有部分相類似，因此，訊問證人準用第 74 條的按時訊問規定、第 99 條的通譯規定、第 98 條不正訊問禁止的規定，以及第 100 條之 1 第 1 項、第 2 項訊問時錄音的規定。

小博士解說

勁永禿鷹案

　　法院審理勁永禿鷹案，該案記者 A 拒絕透露消息來源，主張類推適用第 182 條的規定拒絕證言，但仍遭法院認為 A 無正當理由拒絕證言，而裁處罰鍰。案經最高法院 97 台抗 724 號裁定表示：「新聞記者並無類推適用上開規定（即§182）主張拒絕證言之餘地。」

證人的意義

聽覺　嗅覺　味覺

視覺　觸覺

證人，是指對於待證事實有見聞之人。例如：看見搶奪犯之人（視覺）、聽見咒罵聲之人（聽覺）、聞到毒品味之人（嗅覺）、摸過行兇木棍之人（觸覺）、嚐過有毒食物的人（味覺）等等。

證人的義務

首先必須到場

《到場義務》

其次，必須朗讀結文並簽名（但有例外）

《具結義務》

最後，陳述必須真實

《真實義務》

拒絕證言

（下述四種人得拒絕證言）

職務上應守密之公務員

業務上應守秘密之人

具有特定身分關係之人

證人恐因陳述致自己或與其有第180條第1項關係之人受刑事追訴或處罰者，得拒絕證言

UNIT *6-16*
證據方法──鑑定（一）

（一）概說

鑑定，是指透過具有專門知識的專家對於人、事、物狀態的檢驗、說明，而證明待證事實的方法。

（二）鑑定人

鑑定人與證人的不同，在於證人是對於待證事實見聞之人，並透過其記憶重現犯罪事實的證據方法，因此證人具有不可替代性，如證人不到庭者，「得拘提」；而鑑定人是對於既存的人、事、物，透過檢驗、實驗等程序，證明待證事實，因此只要有鑑定的專業知識者即可為之，故有可替代性，也因為可替代，鑑定人不到場者，「不得拘提」（§199）。

❶鑑定人的選任

①選任權人：鑑定人的選任權人為法院、審判長、受命法官或檢察官（§§198、208）。因此如警察機關直接將毒品案被告的尿液或扣得毒品送檢，並非合法的選任程序。然而如果檢察署事先概括選任特定鑑定機關，要求警察送該特定機關鑑定者，仍可認為是由檢察官所選任，而屬合法。

②個人鑑定與機關鑑定：選任權人得就鑑定事項有特別知識經驗者選任為個人鑑定人（§198）；亦得就有鑑定能力的醫院、學校或其他機關團體，選任為機關鑑定（§208Ⅰ）。

❷鑑定人的拒卻

為了確保鑑定的公正客觀，當事人可以用聲請法官迴避的事由，拒卻鑑定人（§200），拒卻即排除之意。

（三）鑑定的程序

❶鑑定雖有可能在法庭上進行，但實務上絕大多數是在法庭外為之，如果是在法庭外為之者，應將鑑定之物交給鑑定人（§203）。

❷鑑定留置（詳見 Unit5-4）。

❸鑑定人因鑑定必要，得請求調取並檢閱卷宗及證物；並得請求訊問被告、自訴人或證人（§205）。

❹鑑定的經過及其結果，應命鑑定人口頭或書面報告（§206）。

（四）鑑定人的權利

鑑定人得請求日費、旅費，並得請求相當的報酬，及因鑑定所花費的費用（§209）。

小博士解說

犯下重罪的被告，企圖透過精神異常的抗辯脫罪，這是許多電影、小說喜愛的題材，例如電影「沈默的羔羊」、日本的「刑法第三十九條」、小說「二十四個比利」。對於被告的精神異常抗辯，法院應將被告送精神鑑定，由醫師評估被告的心智狀態，此即鑑定的證據方法。又實務上經常發生的毒品案件，為了確定所扣押的物品（粉末、藥丸等）是否具有毒品成分；或是確認被告尿液中或頭髮中，有無吸食毒品的跡證，均應透過鑑定為之。

鑑定人與證人

證人

定義：見聞待證事實之人

具有不可代替性

可拘提

（證人是對於過去事實有所見聞之人）

鑑定人

定義：具有專門知識的專家，對於人、事、物狀態的檢驗、說明

具有可代替性

不可拘提

（鑑定人是具有專門知識者，而依其知識，對待證事項進行檢驗並說明之人）

鑑定人的選任

選任標準
必須是有專門知識之人

只有法院、法官、檢察官有選任鑑定人之權

XX實驗室

可以選「機關」（機關鑑定）也可選「個人」（個人鑑定人）

❶鑑定人得請求調取並檢閱卷宗及證物；並得請求訊問被告、自訴人或證人。
❷鑑定人以「口頭」或「書面」報告結果。

UNIT **6-17**
證據方法──鑑定（二）、文書

圖解刑事訴訟法

（五）鑑定人的義務

❶到場義務

鑑定人具有可替代性，因此鑑定人不到場者，不得命拘提（§199），但得科以罰鍰（§197準用§178）。

❷具結義務

鑑定人應於鑑定前具結，其結文內應記載必為公正誠實之鑑定等語（§202）。

❸報告義務

鑑定人應將其鑑定的經過，以及鑑定的結論，以言詞或書面的方式報告於命鑑定之人。以書面報告者，於必要時得使其以言詞說明（§206）。

（六）鑑定證人

鑑定證人是指依特別知識得知已往事實之人，此種人具有不可替代性（知道這一件事的可能就你一人），因此訊問鑑定證人應依證人的規定（§210）。例如：心理學教授目睹一人在說了一些話之後投河自盡，其以專業知識判斷，此人應罹有精神疾病。

文書

（一）意義

文書是指以文字記載，且具有可讀性、含有思想內容的書面文件。文書有二要件：可讀性、文字性。例如：被告記載犯罪計畫的信件，以「文書」此一證據方法調查；然而路人在犯罪現場拍攝的照片，因不具有文字性、可讀性，並非依「文書」證據方法調查，而應依「勘驗」的程序為之。

（二）文書的調查程序

文書的調查程序為「宣讀或告以要旨」，簡稱「朗讀」，據此，法院於調查文書時，應向當事人等讀出文書內容，如太冗長，或為當事人所不爭執，可以僅告以要旨，此見第165條第1項之規定：「卷宗內之筆錄及其他文書可為證據者，審判長應向當事人、代理人、辯護人或輔佐人宣讀或告以要旨。」

如文書內容有妨害風化、公安或有毀損他人名譽之虞者，並不適合宣讀出來，故應交當事人、代理人、辯護人或輔佐人閱覽；如被告不解其意義者，應告以要旨（§165 II）。

（三）準文書的調查程序

雖非文書，但與文書有同樣效用者，稱為準文書，例如：店員在帳單上的畫記，雖不具文字性，但與文書一樣具有思想內容（客人點了什麼、消費多少，可從畫記得知）因此準文書的調查，準用文書的調查程序，應朗讀之（§165-1 I）。

（四）影音證據的調查

錄音、錄影、電磁紀錄等物為影音證據，調查影音證據時，必須以特殊設備顯示出來，否則無法在法庭上呈現，因此第165條之1第2項規定：「錄音、錄影、電磁紀錄或其他相類之證物可為證據者，審判長應以適當之設備，顯示聲音、影像、符號或資料，使當事人、代理人、辯護人或輔佐人辨認或告以要旨。」

鑑定人的權利、義務

權利
❶請求日費、旅費
❷請求相當的報酬,及因鑑定所花費的費用

義務
❶到場義務
❷具結義務
❸報告義務

文書及其調查程序

文書是指有「可讀性、文字性」的書面文件

法官:這份借據是這樣寫的,某甲向某乙,在x年x月x日…,有沒有意見?

調查文書,必須宣讀並告以要旨(簡稱朗讀),始為合法。
Ps.準文書亦應朗讀。

影音證據的調查

法院調查影音證據(錄音、錄影、電磁紀錄等),應在法庭上以設備將其內容顯示出來,以供辨認或告以要旨。

UNIT *6-18*
證據方法──勘驗

（一）概說

勘驗是指法官或檢察官直接以五官知覺，對於人、物、場所的狀態為感受、感知；與鑑定的不同在於，鑑定需就鑑定事項有專業知識之人，作出判斷；勘驗則僅係就物的現狀為直接的觀察、描述。例如：法官當庭將兇刀提示，目視其外形、鋒銳度等，屬於勘驗；但如將兇刀送實驗室，以檢驗手把上有無指紋、指紋為誰所有，即屬於鑑定。

（二）勘驗的主體

依本法第 212、279 條的規定，僅法院、受命法官、檢察官得進行勘驗程序。

依同法第 230 條第 3 項、第 231 條第 3 項的規定，司法警察（官）有即時勘察權，勘察也是屬於依五官知覺，對於人、物狀態為感知的程序，本質上與勘驗並無不同，只是程序保障沒有勘驗來得完整，因此本法賦予勘驗筆錄與勘察報告不同的證據能力，實務上認為勘察報告為傳聞證據，其證據能力應視其有無傳聞法則例外情形而定（勘驗筆錄的證據能力如後述）。

（三）勘驗的程序

❶勘驗，得為如下措施（§213）
①履勘犯罪場所或其他與案情有關係之處所；
②檢查身體；
③檢驗屍體；
④解剖屍體；
⑤檢查與案情有關係之物件；
⑥其他必要之處分。

❷勘驗之在場權人
實施勘驗時，下述之人有在場權：

①當事人、代理人或辯護人：

Ａ檢察官實施勘驗，如果有必要，得通知當事人、代理人或辯護人到場（§214 II）。

Ｂ審判中，當事人及辯護人應有在場權，法院無裁量權。但例外在被告受拘禁，或者使上開之人在場會妨害勘驗的話，就不得在場（§§219、150）。

Ｃ依上開規定，應該要讓當事人等人在場者，應將勘驗的時間地點預先通知（§§214 II、219、150），如未通知在場權人即逕行為勘驗，程序不合法。

②勘驗住宅時，其住戶、看守人或可為其代表之人（§148）。

③勘驗政府機關、軍事上秘密處所時，可為其代表之人或長官。

（四）相驗

如果有非病死或可疑為非病死的人，檢察官應速前往相驗（§218），相驗性質上就是勘驗。

💬 小博士解說

勘驗筆錄的證據能力

勘驗應製作筆錄（§42 I），稱為勘驗筆錄，該筆錄是否是傳聞證據而無證據能力？最高法院有以下論述（96 年度台上字第 5224 號判決）：

❶法院就該被告案件實施勘驗，具有直接審理的意義，其所製作的勘驗筆錄，應有證據能力。

❷檢察官的勘驗筆錄雖屬傳聞證據性質，但係刑事訴訟法第 159 條第 1 項所稱「除法律有規定者外」之例外情形而得為證據，該勘驗筆錄依同法第 159 條之 1 第 2 項規定的意旨，除顯有不可信的情況者外，得承認其證據能力。

勘驗

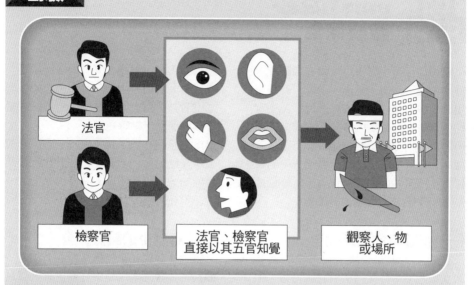

法官

檢察官

法官、檢察官
直接以其五官知覺

觀察人、物
或場所

相驗

如果有非病死或可疑為
非病死的人，檢察官應速
前往相驗。相驗為勘驗
的方法之一。

新聞報導中，意外災害或其
他意外致人於死的事故中，
會有「檢察官前往相驗」的
情形，即係依第218條規
定而進行的程序。

勘驗的程序

在場人

❶當事人、代理人或辯護
人偵查中是否得在場，審
察官應賦予在場權。
❷勘驗住宅或政府機關、
軍事秘密處所，應由可為
其代表之人在場。

勘驗可為「必要處分」，
例如履勘處所、檢查身體、
屍體、物件等。

UNIT 6-19 證據保全

證據保全是指與待證事實有關聯的證據有湮滅、偽造、變造、隱匿或礙難使用之虞時，向檢察官或法院聲請為一定的保全處分。此程序是防止證據滅失或礙難使用情形的預防措施，具有蒐集證據的性質。證據保全可分為偵查中的證據保全與審判中的證據保全，法條依據為第 219 條之 1 至第 219 條之 8。

(一)偵查中的證據保全

告訴人、犯罪嫌疑人、被告或辯護人在偵查中本得促請檢察官為搜索、扣押、勘驗、鑑定等強制處分，以取得證據，但由於舊法對於聲請檢察官調查證據，並未規定檢察官應於一定期限內處理，或如果不處理，其救濟措施為何，新增訂的證據保全章即有詳細規定。

偵查中有保全證據的必要時，依以下程序進行：

❶告訴人、犯罪嫌疑人、被告或辯護人於證據有湮滅、偽造、變造、隱匿或礙難使用之虞時，偵查中得聲請檢察官為搜索、扣押、鑑定、勘驗、訊問證人或其他必要的保全處分。

❷檢察官受理前項聲請，除認其為不合法或無理由予以駁回者外，應於 5 日內為保全處分。

❸檢察官駁回前項聲請或未於前項期間內為保全處分者，聲請人得逕向該管法院聲請保全證據。法院對此項聲請，如認為聲請不合法或無理由，應以裁定駁回，如聲請有理由，應為准許保全證據之裁定。對法院前開裁定，不得抗告。由此可知，偵查中聲請證據保全，必須在檢察官駁回聲請或未於 5 日內作為者，才可向法院聲請。

❹聲請保全證據，應以書狀為之。

❺告訴人、犯罪嫌疑人、被告、辯護人或代理人於偵查中，除有妨害證據保全之虞者外，對於其聲請保全的證據，得於實施保全證據時在場。

❻保全證據的日、時及處所，應通知前項得在場之人。但有急迫情形致不能及時通知，或犯罪嫌疑人、被告受拘禁中者，不在此限。

(二)審判中的證據保全

審判中證據保全的程序如下：

❶被告、辯護人、檢察官或自訴人認為證據有保全的必要者，得在第一次審判期日前，聲請法院或受命法官為保全證據處分。遇有急迫情形時，亦得向受訊問人住居地或證物所在地的地方法院聲請之。

❷法院對上項聲請，如認為聲請不合法或無理由，應以裁定駁回，如聲請有理由，應為准許保全證據的裁定。對法院前開裁定，不得抗告。

小博士解說

104 年 3 月學運期間，因 3 月 24 日行政院驅離行動而受傷的林姓老師，在義務律師團的幫助下，向法院聲請保全警方的蒐證影像而獲准。此例中，由於案件仍處於偵查階段，律師團應有依法先向檢察官聲請，未獲准或檢察官未於期間內作為，才向法院聲請。

證據保全之程序

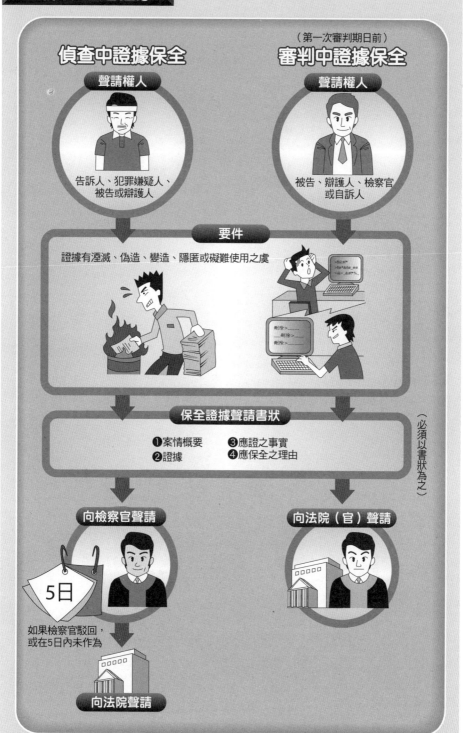

137

第 **7** 章

偵查

● 章節體系架構 ▼

UNIT **7-1**
偵查的意義、偵查機關

圖解刑事訴訟法

偵查，是指檢察官為查明被告是否有犯罪行為，以使檢察官決定應為起訴或不起訴處分之調查程序。偵查專指偵查機關調查犯罪的行為，在自訴程序，並無偵查可言。

偵查機關

偵查機關為檢察官及司法警察、司法警察官，而從下述規定，可知檢察官為主要偵查機關，司法警察（官）則為輔助偵查機關（但注意，有少數說認為二者應無主、輔關係，而應是雙偵查主體）：❶本法第228條「檢察官得限期命檢察事務官、第二百三十條之司法警察官或第二百三十一條之司法警察調查犯罪情形及蒐集證據，並提出報告。必要時，得將相關卷證一併發交。」；以及❷第229條～第231條之檢察官指揮、命令司法警察（官）之任務分配模式等。

❶主要偵查機關

檢察官作為主要偵查機關，有諸多權限，例如開始偵查的權限、傳喚、拘提被告及證人、搜索、聲請羈押等強制處分權限，以及在必要時請相關機關報告、請軍事機關輔助等等權限，而依第229條至第231條的規定，則有請輔助偵查機關協助的權限，此等均為檢察官作為一偵查主體所能動用的權限。

❷輔助偵查機關

①司法警察官

Ⓐ一級司法警察官

下列之人稱為一級司法警察官，有協助檢察官偵查犯罪之職權：ⓐ警政署署長、警察局局長或警察總隊總隊長；ⓑ憲兵隊長官；ⓒ依法令關於特定事項，得行相當於前二款司法警察官之職權者

（§229Ⅰ）。上開司法警察官，應將調查犯罪的結果，移送給檢察官；如接受被拘提或逮捕的犯罪嫌疑人，除有特別規定外，應解送該管檢察官。但檢察官命其解送者，應即解送。

Ⓑ二級司法警察官

ⓐ下列之人為司法警察官，應受檢察官之指揮，偵查犯罪：ⓐ警察官長；ⓑ憲兵隊官長、士官；ⓒ法令關於特定事項，得行司法警察官之職權者。此稱為二級司法警察官（§230Ⅰ）。

ⓑ依第230條第2項之規定：「前項司法警察官知有犯罪嫌疑者，應即開始調查，並將調查之情形報告該管檢察官及前條之司法警察官。」可知其有一定的主動性。又上開司法警察官實施調查，於必要情形，可以封鎖犯罪現場，並為即時之勘察（例如新聞上常見的現場封鎖線）。

②司法警察

下列之人為司法警察，應受檢察官及司法警察官之命令，偵查犯罪：Ⓐ警察；Ⓑ憲兵；Ⓒ依法令關於特定事項，得行司法警察之職權者。司法警察亦有主動調查權，以及即時勘察權（§231）。

😊小博士解說

退案審查制

退案審查制，是指檢察官對於司法警察（官）移送或報告之案件，認為調查未完備者，得將卷證發回，限定時間命其補足，或發交其他司法警察官或司法警察調查（§231-1）。

偵查機關

司法警察（官）

檢察官

檢察官作為偵查主要機關，許許多多的司法警察（官），在有背後輔助（偵查輔助機關）是最堅實的後盾，最有效率的夥伴。

偵查的意義

偵查是偵查機關發動的一連串調查程序

調查的結果，交由檢察官決定是否起訴，此一系列程序就是偵查

起訴

不起訴（緩起訴）

司法警察（官）

一級司法警察官	警政署署長、警察局局長或警察總隊總隊長
	憲兵隊長官
	依法令關於特定事項，得行相當於前二款司法警察官之職權者

協助檢察官

二級司法警察官	警察官長
	憲兵隊官長、士官
	依法令關於特定事項，得行司法警察官之職權者

受檢察官指揮

司法警察	警察
	憲兵
	依法令關於特定事項，得行司法警察之職權者

受檢察官命令

UNIT **7-2**
偵查的開始、進行

（一）偵查的開始

檢察官因告訴、告發、自首或其他情事知有犯罪嫌疑者，「應」即開始偵查（§228 I），由於檢察官對於開始偵查一事，無裁量權限，因此稱為偵查法定原則。

（二）偵查的進行

❶偵查不公開

①意義

為保障被告權利、保障訴訟關係人權利、確保檢察官偵查中的資訊優勢，本法第245條第1項規定：「偵查，不公開之。」但如依法令或為維護公共利益或保護合法權益有必要者，例外得公開（§245 III），例如重大罪犯逃逸在外，得公開嫌犯照片讓民眾預先防範。而行政院與司法院針對偵查不公開的例外情形，特別制訂公布「偵查不公開作業辦法」，以供偵查人員遵循。

②辯護人的在場權

被告隨時得選任辯護人，偵查中亦不例外，而辯護人須在場始得發揮其效用，因此偵查縱使不公開，辯護人仍得於偵查機關訊問被告時在場，並陳述意見，偵查機關並負有將訊問期日通知辯護人的義務，以保障被告受辯護的權利，但如其在場有妨害國家機密，或有滅證、串證嫌疑，或有其他影響偵查秩序的不當行為者，得限制或禁止其在場（§245 II、IV）。

❷偵查中訊問程序

①實施偵查非有必要，不得先行傳訊被告（§228 III）。

②如有必要，可在被告所在處所訊問之（§246）。

③司法警察（官）為調查證據，得使用通知書通知證人到場詢問（§196-1）。

④訊問證人、鑑定人時，如被告在場者，被告得親自詰問。又如預料證人、鑑定人於審判時不能訊問者，應命被告在場，但恐證人、鑑定人於被告前不能自由陳述者，不在此限（§248）。

⑤被害人於偵查中受訊問或詢問時，其法定代理人、配偶、直系或三親等內旁系血親、家長、家屬、醫師、心理師、輔導人員、社工人員或其信賴之人，經被害人同意後，得陪同在場，並得陳述意見。前項規定，於得陪同在場之人為被告，或檢察官、檢察事務官、司法警察官或司法警察認其在場，有礙偵查程序之進行時，不適用之（§248-1）。

😊小博士解說

101年11月間，高雄二位學生騎乘機車，因有擅自改裝車尾燈的違法，而遭警攔下盤查，一名學生以手機將盤查過程錄下，經警制止而不果，於是警方以學生違反社會秩序法第85條第1款的妨害公務規定移送法院。警方的依據是法務部法檢字第10104149290號函，該函認為警察行政調查時享有隱私權，不容受調查者任意反蒐證。高雄地院則認為在該案中，員警不得主張隱私權，而裁定二名學生不罰。（但注意，此案因屬行政調查，非屬犯罪偵查，才會得到此結論。如涉及犯罪偵查，依法務部上開函釋見解，認為仍應依偵查不公開原則，禁止反蒐證。）

偵查的開始

告訴、告發

檢察官，
這是我的告訴狀

自首

檢察官，
我要自首

其他情事

檢察官

例如
檢察官看報紙

檢察官：從這些事實，某人似乎非常可疑，依法我必須開始偵查，沒有裁量餘地。

偵查不公開

偵查不公開
（但有些例外情形可公開）

審判公開
（但有些例外情形不得公開）

偵查與審判相較，偵查中不公開，少數例外情形可公開；審判則相反，原則上公開，例外不公開審理，如讀者親自前往地檢署，以及地方法院走一遭，可看到地檢署的偵查庭，在開庭時，門是關閉的，此為偵查不公開的表現之一，而地方法院法官在開庭時，門是開著的，此為審判公開的表現之一（但偵查不公開或審判公開，不僅是表現在「開門或關門」這個現象而已，其他例如檢察官可否對外說明等等，不及備載）。

偵查中訊問程序

實施偵查非有必要，不得先行傳訊被告

· 此係為了避免打草驚蛇，維持偵查機關的資訊優勢

如有必要，可在被告所在處所訊問之

· 例如，檢察官偵辦國務機要費等案件，至前總統夫人吳淑珍住處訊問

被告的偵查中詰問

· 偵查中，被告未必有請求詰問證人之權，但如被告與證人同時在場，可要求詰問。又如證人在審判時無法訊問，應在偵查中賦予被告詰問的機會

被害人於偵查中受訊問時，得由其法定代理人、配偶、直系或三親等內旁系血親、家長、家屬、醫師或社工人員陪同在場，並得陳述意見。於司法警察官或司法警察調查時，亦同

UNIT **7-3**
偵查的進行與終結

(一)偵查的協助

❶為偵查犯罪,檢察官可請相關機關報告(§247)。此權限為檢察官所有,偵查輔助機則僅能透過檢察官,向有關機關要求報告。

❷實施偵查遇有急迫情形,得命在場或附近之人為相當的輔助。檢察官於必要時,並得請附近軍事官長派遣軍隊輔助(§249)。

(二)停止偵查

遇有下述情形,檢察應停止偵查:

❶犯罪是否成立或刑罰應否免除,以民事關係為斷者

有時犯罪是否成立,與民事法律關係息息相關,例如:竊盜罪的要件是「竊取他人動產」,如果是自己的動產,就不會構成竊盜,假設被告被訴竊盜一部車,惟該部車究竟是被告自己所有或他人所有,在法律關係上仍存有疑問時,就有停止偵查的必要,因此本法第261條規定:犯罪是否成立或刑罰應否免除,以民事法律關係為斷者,檢察官應於民事訴訟終結前,停止偵查。

❷同一案件已有自訴者

我國設有公訴、自訴制度,公訴由檢察官進行,自訴由自訴人進行,但國家對於一個案件僅有一個刑罰權,案件不是進行公訴,就是進行自訴,不容許公、自訴併存,因此同一案件已先進行自訴者,檢察官應即停止偵查,將案件移送法院(§323 II)。

(三)移轉偵查

❶檢察官知道案件不屬其管轄或於開始偵查後認為案件不屬其管轄者,應即分別通知或移送該管檢察官,此即移轉偵查的情形。又移轉的案件有急迫情形時,檢察官應為必要之處分(§250)。

❷檢察總長或檢察長如行使其職務移轉權或職務收取權,亦會有移轉偵查的效果。

(四)偵查終結

偵查臻於成熟,檢察官應以起訴或不起訴(或緩起訴)處分終結偵查:

❶起訴

檢察官依偵查所得的證據,足認被告有犯罪嫌疑者,應提起公訴。被告的所在不明者,亦應提起公訴(§251)。

❷不起訴(或緩起訴)

有第252至254條或第255條第1項的情形者,檢察以不起訴或緩起訴處分終結偵查。但犯人不明者,於認有第252條所定的情形以前,不得終結偵查(§262)。

🔵小博士解說

桃園少年輔育院院生買姓少年於102年送醫後猝死,院方表示少年是抓癢感染致死,家屬則質疑死因不單純,應有外力介入,該案經檢察官偵查後,以查無可疑涉案之人為由,將該案簽結。

此處所稱簽結,並非法律所定的終結偵查的方法,而是實務創設出來的第三種終結偵查方法。我國檢察署對尚未達到偵查門檻犯罪嫌疑的案件,經常以此種「簽結」的方式結案,由於無法律依據,遭學者批評。

停止偵查

遇此二種情形，檢察官應停止偵查

他民案攸關
犯罪是否成立或刑罰應否免除，以民事關係為斷者，應停止偵查 **STOP** ✕

同案先自訴
同一案件已先進行自訴，檢察官應即停止偵查 **STOP** ✕

移轉偵查

不屬其管轄

檢驗案件是否為檢察官的管轄範圍

→ 不屬其管轄者，移轉至有管轄權之檢察官

→ 屬其管轄者，繼續偵查

檢察總長或檢察長行使其職務移轉權或職務收取權

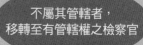

法院組織法第64條規定：檢察總長、檢察長得親自處理其所指揮監督之檢察官之事務，並得將該事務移轉於其所指揮監督之其他檢察官處理之。

檢察（總）長將其所指揮監督的乙檢察官所承辦案件，移轉給甲檢察官，為「職務移轉權」；如將案件收過來自己辦，為「職務收取權」

甲檢察官

移轉權

收取權

檢察（總）長

乙檢察官

UNIT **7-4**
告訴的意義、告訴權人

圖解刑事訴訟法

（一）告訴的意義

　　告訴是指告訴權人請求偵查機關追訴特定犯罪的意思表示。告訴與告發不同，告訴是告訴權人的行為，而告發是指告訴權人以外之人向偵查機關舉發犯罪的行為，又可分為一般人的告發（§240），以及公務員的義務告發（§241）。

（二）告訴乃論之罪、非告訴乃論之罪

　　告訴乃論之罪，是指需有告訴人提出告訴，法院始得為實體判決的犯罪，非告訴乃論之罪則是指縱使無人告訴，法院亦得進行實體審判的案件。告訴乃論之罪又可分為絕對告訴乃論之罪、相對告訴乃論之罪，前者是指該犯罪不問何人所為，皆須告訴乃論（如刑法第287、314條）；後者是指僅具有某種身分者始須告訴乃論，不具該身分者則非告訴乃論（如刑法第324條第2項、338條、343條之特定親屬間犯罪）。

（三）告訴權人

　　告訴權人可分為下述四大類：

❶**被害人**

　　本法第232條規定，犯罪之被害人，得為告訴。自然人、法人均是本條所指之「人」，如有受害，均得提出告訴。又所謂「被害」，是指犯罪當時直接受有損害之人而言，如果是間接受害，則非此處被害人。

❷**配偶**

　　①被害人的配偶

Ⓐ被害人的法定代理人或配偶，得獨立告訴（§233 I），所謂獨立告訴，是指就算被害人反對，配偶仍然可以提起告訴。

Ⓑ又被害人已死亡者，得由其配偶告訴，但告訴乃論之罪，不得與被害人明示之意思相反（§233 II）。亦即被害人死亡時，配偶需受到被害人生前意思的拘束。

Ⓒ刑法第312條的妨害名譽及信用罪，已死者的配偶得為告訴（§234 IV）。

Ⓓ刑法第240條第2項的妨害婚姻及家庭罪，僅配偶才可以告訴（§234 II）。

　　②犯人之配偶

　　犯血親性交罪者的配偶，得為告訴（§234 I）。

❸**特定親屬**

　　①被害人的法定代理人，得為告訴（§233 I）。

　　②特定情形時，被害人的直系血親、三親等內的旁系血親、二親等內的姻親或家長、家屬得為告訴（§§233 II、234、235）

　　③刑法第230條血親性交罪的特定親屬（§234 I）。

❹**代行告訴人**

　　告訴乃論之罪，如無得為告訴之人或得為告訴之人不能行使告訴權者（例如告訴權者身患重病、失蹤），該管檢察官得依利害關係人的聲請或依職權指定代行告訴人，但代行告訴人不得與被害人明示的意思相反（§236），又代行告訴人僅有提出告訴之權，不得撤回告訴，且不得選任代理人為之。

告訴基本概念

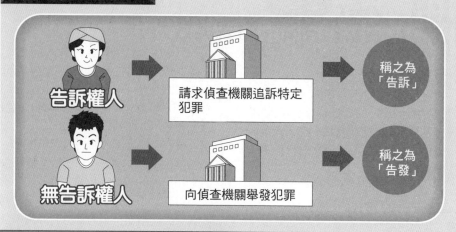

告訴權人	請求偵查機關追訴特定犯罪	稱之為「告訴」
無告訴權人	向偵查機關舉發犯罪	稱之為「告發」

告訴乃論／非告訴乃論

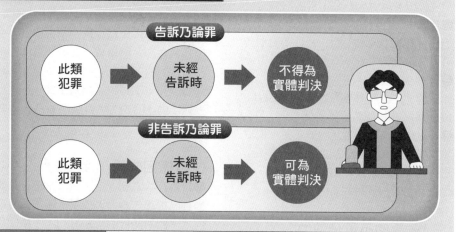

告訴乃論罪

此類犯罪 → 未經告訴時 → 不得為實體判決

非告訴乃論罪

此類犯罪 → 未經告訴時 → 可為實體判決

告訴權人

被害人		犯罪之直接被害人，得為告訴
配偶	被害人之配偶	❶犯罪被害人之配偶（§233 I） ❷犯罪被害人死亡時，其配偶（§233 II） ❸刑法第 312 條犯罪，已死者之配偶 ❹刑法第 240 條第 2 項之犯罪，其配偶
	犯人之配偶	犯血親性交罪者之配偶
特定親屬		❶被害人之法定代理人，得為告訴 ❷特定情形時，被害人之直系血親、三親等內之旁系血親、二親等內之姻親或家長、家屬得為告訴（§§233 II、234、235） ❸刑法第 230 條血親性交罪之特定親屬
代行告訴人		告訴乃論之罪而無人告訴，檢察官指定之人

UNIT **7-5**
告訴的期間、方式與效力

（一）告訴期間

告訴乃論之罪，告訴期間為六個月，自告訴權人知悉（且確信）犯人之時起算（§237 I）。而非告訴乃論之罪本不需告訴即得進行訴訟，因此無告訴期間的限制。

（二）告訴的方式

❶告訴應用書狀或言詞，向檢察官或司法警察（官）為之（§242 I），若誤向法院提出告訴者，不發生告訴的效力。
❷告訴不得附條件（如：向檢察官表示，他在月底前不道歉的話，我就要對他告訴），如附條件者，不生告訴的效力。
❸告訴，得委任代理人行之，代理人為律師者，於審判中得閱卷（§§236-1、271-1），非律師者，不得閱卷。
❹如檢察官以非告訴乃論罪起訴，但法院審理後認為是告訴乃論罪者（例如：起訴殺人未遂，法院認為是傷害），允許告訴權人在審判中補行告訴。

（三）告訴的不可分效力

告一個人或告一件事，效力如果會及於其他的人（被告）或其他的事（犯罪事實），我們稱之為「告訴不可分」：
❶主觀不可分
　①意義
　主觀不可分是指「人」方面效力擴張，本法第239條規定：「告訴乃論之罪，對於共犯之一人告訴或撤回告訴者，其效力及於其他共犯。」據此，數人共犯告訴乃論之罪者，告一人的效力會及於其他共犯；撤回告訴者，亦同。
　例如：五人共同圍毆甲，甲告其中一人，效力及於全部五人，對一人撤回告訴者，效力及其他人。反之，非告訴

乃論罪無不可分的效力，如所犯一部分屬於告訴乃論，一部是非告訴乃論，亦無不可分效力。又此處所稱共犯，包括任意共犯、必要共犯。
　②實務上發展出「不得告訴不可分」
　依本法第239條，僅告訴或撤回告訴有不可分的效力，我國實務卻發展出「不得告訴不可分」，認為對共犯之一人喪失告訴權者，對其他共犯亦喪失告訴權。
❷客觀不可分
　告訴對「犯罪事實」方面，有無不可分的效力？依實務見解，在符合下述要件時，告訴一部事實，效力及於同一犯罪事實的他部：①犯罪事實全部為告訴乃論之罪；②被害人相同；③一行為且一罪（94台上1727判決認為不包含裁判上一罪）。

（四）撤回告訴（§238）

❶告訴乃論之罪，告訴人（是指有告訴權且已提起告訴者）於第一審辯論終結前，得撤回其告訴（§238 I），撤回告訴之人，不得再行告訴。
❷撤回告訴者，偵查中檢察官以第252條第5款為不起訴處分，審判中法院以第303條第3款為不受理判決。

🔲 小博士解說

關於告訴人的其他權利，109年修法增訂第163條第4項規定：告訴人得就證據調查事項向檢察官陳述意見，並請求檢察官向法院聲請調查證據，然而此種請求，對檢察官並無拘束力，檢察官仍應依其職權決定是否調查證據。

告訴期間

告訴期間為六個月，自告訴權人知悉犯人時起算為六個月，例如：

就是他

6個月

被傷害時，
不知犯人是誰

之後知悉犯人為何，
起算6月

可以提出告訴的
最後一天

告訴的方式

告訴
的方式

應用書狀或言詞

不得附條件

應向檢察官或司法警察（官）為之

得委任代理人行之

告訴的效力

告訴的主觀不可分效力

本案甲乙共犯告訴乃論之罪，依告訴的
主觀不可分效力，告訴人對甲提出告訴
（或撤回告訴），效力及於乙；反之亦
然。

共犯

甲

乙

告訴的客觀不可分效力

本案犯人接續對「同一被害人」刊登
5篇黑函，被法院認定成立接續犯，
對其中3篇提告或撤告，效力及於其
他2篇。

告訴乃論罪

UNIT **7-6**
不起訴處分

（一）概念

　　不起訴處分可分為絕對不起訴處分（§§252、255 I），與相對不起訴處分（§§253、254）。前者是指一旦符合法律要件，檢察官即應為不起訴處分，沒有裁量權；後者是指法律賦予檢察官一定的裁量權，檢察官可裁量是否為不起訴處分。

（二）絕對不起訴

❶第 252 條的不起訴處分

　　第 252 條規定，有下述情形之一者，應為不起訴處分（§252）：

　　①曾經判決確定者：案件經判決確定，且發生實體確定力者（指有罪、無罪、免訴判決而言），即有本款適用，反之，如是無實體確定力的判決，即無本款適用。

　　②時效已完成者：案件如已經過刑法第 80 條追訴權時效，檢察官即應為不起訴處分。

　　③曾經大赦者：案件經依赦免法第 2 條大赦者，應為不起訴處分。

　　④犯罪後之法律已廢止其刑罰者：修法後行為已經不罰者，應為不起訴處分，但如果修法僅減輕其刑度，並非完全不罰者，仍無本款的適用。

　　⑤告訴或請求乃論之罪，其告訴或請求已經撤回或已逾告訴期間者：告訴或請求乃論之罪，缺告訴或請求者，即不得進行實體審判程序，而其欠缺的原因可能是：Ⓐ未提告訴或請求；Ⓑ提出後撤回；Ⓒ逾告訴期間。實務見解認為第Ⓐ種情形不用為任何處分，第Ⓑ、Ⓒ種情形始依本款為不起訴處分。

　　⑥被告死亡者：所稱被告死亡是指事實上死亡，不包括死亡宣告。

　　⑦法院對於被告無審判權者。

　　⑧行為不罰者：被告的行為如不符合犯罪要件者，即行為不罰，應為不起訴處分。

　　⑨法律應免除其刑者：此處免除其刑是指「應」免除其刑的情形（如刑法第 288 條第 3 項），不包括「得」免除其刑的情形（如刑法第 275 條第 3 項）。

　　⑩犯罪嫌疑不足者：檢察官於偵查後，認為被告案件尚未達到「有罪判決的高度可能」（起訴門檻），即應為不起訴處分。

❷第 255 條第 1 項的不起訴處分

　　第 255 條第 1 項規定：檢察官依第 252 條至第 254 條規定為不起訴、緩起訴或撤銷緩起訴或因其他法定理由為不起訴處分者，應製作處分書敘述其處分的理由。此處提到「其他法定理由」也可為不起訴處分，學者認為是一獨立類型的不起訴處分，主要是指告訴不合法或依法不得告訴而告訴者而言。

（三）相對不起訴

❶第 253 條的相對不起訴

　　如被告所犯者為本法第 376 條第 1 項的犯罪，檢察官考量刑法第 57 條事項（即被告品性、犯案動機、手段等），認為以不起訴為適當者，得為不起訴處分。

❷第 254 條的相對不起訴

　　被告犯數罪，其中一罪已受重刑的確定判決，檢察官如認他罪就算被起訴，也對應執行之刑無重大關係者，得為不起訴處分。

終結偵查的處分

不起訴、緩起訴均為「不予起訴」的處分，絕大多數而言，不予起訴對於被告而言，是個好消息（簽結也是）。

一旦開始偵查

檢察官就必須有終結偵查的處分

法律明文設有三種終結處分

- 起訴
- 不起訴
- 緩起訴

實務上創出第四種 → 行政簽結

終結偵查的處分

絕對不起訴處分——檢察官必須為不起訴，沒有裁量空間

❶曾經判決確定者

❷時效已完成者

❸曾經大赦者

❹犯罪後之法律已廢止其刑罰者

❺告訴或請求乃論之罪，其告訴或請求已經撤回或已逾告訴期間者

❻被告死亡者

❼法院對於被告無審判權者

❽行為不罰者

❾法律應免除其刑者

❿犯罪嫌疑不足者

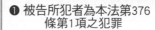

相對不起訴處分——檢察官遇此情形，有裁量權，可決定是否起訴

❶ 被告所犯者為本法第376條第1項之犯罪

❷被告犯數罪，其中一罪已受重刑的確定判決，檢察官如認他罪就算被起訴，也對應執行之刑無重大關係者

UNIT *7-7*
緩起訴處分

圖解刑事訴訟法

緩起訴處分是指檢察官所為的暫緩起訴的處分。檢察官對非重罪的案件，在考量被告個人因素與公共利益後，得決定一個緩起訴期間，給予被告緩起訴，如被告在期間內沒犯錯，緩起訴就發生禁止再訴的效力。

（一）緩起訴的要件（§253-1 I）

❶案件類型

僅被告所犯為「死刑、無期徒刑或最輕本刑三年以上有期徒刑以外之罪」，亦即非重罪的案件，才可適用緩起訴處分。

❷嫌疑門檻

案件是否應具有一定程度的犯罪嫌疑才得為緩起訴處分？本法就此未明文規定，但學者認為，為了避免檢察官濫用緩起處分，應在案件的犯罪嫌疑到達「與起訴嫌疑相當」的門檻，才能為之。

❸檢察官裁量基準

檢察官應審酌公共利益之維護，以及刑法第 57 條事項（如：被告的品性、犯後態度、動機、手段等）。審酌結果，如認為給被告緩起訴為適當者，才得為緩起訴處分。

❹緩起訴期間

緩起訴期間（即觀察期間）為一到三年，自處分確定時起算。

（二）被告應遵守、履行的事項

檢察官為緩起訴處分者，得命被告於一定期間（此期間不得長於緩起訴期間）內遵守或履行下列各款事項（§253-2）：**❶**向被害人道歉；**❷**立悔過書；**❸**向被害人支付相當數額之損害賠償；**❹**向公庫支付一定金額；**❺**向該管檢察署指定之機關、機構、社區或

團體提供 40 小時以上 240 小時以下之義務勞務；**❻**完成戒癮治療、精神治療、心理輔導或其他適當之處遇措施；**❼**保護被害人安全之必要命令；**❽**預防再犯所為之必要命令。

前述第**❸**到**❻**款事項，應得被告同意才得為之。第**❸**、**❹**款事項並得為民事強制執行名義。

（三）緩起訴處分的確定

緩起訴處分於「無通常救濟途徑」時確定（即不得再議、不得聲請准予提起自訴時），但與不起訴處分不同的是，緩起訴處分確定時尚未發生禁止再訴的效力（見下述四）。

（四）緩起訴的禁止再訴效力

緩起訴處分期滿未經撤銷者，發生禁止再訴的效力。此時原則上不得對於同一案件再行起訴（§260 I），僅於：**❶**發現新事實或新證據；**❷**有第 420 條第 1 項第 1、2、4、5 款事由時，得再行起訴。

（五）緩起訴的撤銷

被告在緩起訴處分期間內有以下情形，檢察官得依職權或依告訴人的聲請撤銷原處分，繼續偵查或起訴（§253-3）：
❶於期間內故意更犯有期徒刑以上刑之罪，經檢察官提起公訴者。
❷緩起訴前，因故意犯他罪，而在緩起訴期間內受有期徒刑以上刑之宣告者。
❸違背第 253 條之 2 第 1 項各款之應遵守或履行事項者。緩起訴處分遭撤銷者，被告已依第 253 條之 2 履行的部分（如：已繳的錢、已服的勞務），不得請求返還或賠償。

緩起訴的要件

緩起訴的確定與緩起訴期間

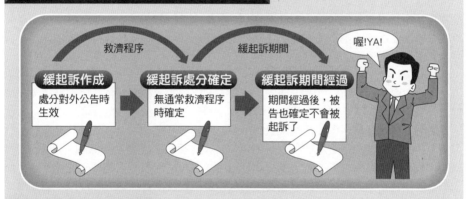

緩起訴的負擔

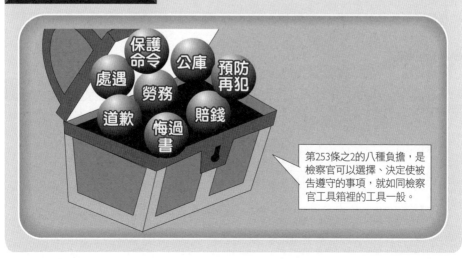

UNIT **7-8**
不起訴與緩起訴的救濟（一）

被告如受不起訴或緩起訴處分，「告訴人」得對此一不起訴或緩起訴處分依再議、聲請准予提起自訴程序加以救濟；反之，被告先被緩起訴，後來被撤銷者，「被告」可對此一「撤銷緩起訴處分的處分」提起再議救濟。

（一）再議
❶再議之提起
①告訴人接受不起訴或緩起訴處分書後，得於 10 日內以書狀敘述明理由，經原檢察官向直接上級檢察署檢察長或檢察總長聲請再議。但告訴人曾經同意檢察官為第 253 條、第 253 條之 1 之處分者，不得提起再議（§256 I）。

②被告接受撤銷緩起訴處分書後，亦得於 10 日內以書狀敘述不服之理由，提起再議（§256-1）。

③職權再議：死刑、無期徒刑或最輕本刑三年以上有期徒刑之案件，因犯罪嫌疑不足，經檢察官為不起訴之處分，或第 253 條之 1 之案件經檢察官為緩起訴之處分者，如無得聲請再議之人時，原檢察官應依職權逕送直接上級檢察署檢察長或檢察總長再議（§256 III）。此一程序稱之為職權再議。

❷再議的審查
再議提起後，經二個階段的審查：原檢察官、上級檢察署檢察首長。但有時原檢察署之檢察長認為必要時，會在此二階段之間加入審查：

①原檢察官：原檢察官如認為再議不合法者，駁回再議；認再議有理由者，撤銷原處分；認為再議無理由者，案件送交上級檢察署。

②原檢察署檢察長：案件依前述程序送交上級檢察署前，原檢察署檢察長得

親自或命令他檢察官再行偵查或審核，分別撤銷或維持原處分；其維持原處分者，應即送交。

③上級檢察署檢察長或檢察總長：上級檢察署檢察長或檢察總長如認為再議不合法者，駁回再議；如認聲請有理由者，撤銷原處分，並視情形依第 258 條之規定為後續處理；又如認聲請無理由者，駁回其再議之聲請。

（二）聲請准予提起自訴
告訴人的再議遭駁回後，下一個救濟程序為「聲請准予提起自訴」，這是聲請法院讓告訴人擔任自訴人，以進行自訴程序的程序（換軌為自訴）。

❶程序
①告訴人為聲請權人，惟必須委任律師為之，為律師強制代理，律師可行使閱卷權（§258-1 III）；②需提出理由狀；③必須於接受駁回再議處分書後 10 日內提起；④告訴人必須先提起再議，而遭上級檢察首長以「無理由」駁回者，始得提起；⑤依法已不得提起自訴者，不得聲請准予提起自訴。但第 321 條前段或第 323 條第 1 項前段之情形，不在此限（§258-1 II）。

😀小博士解說

112 年 6 月 21 日 修 正 公 布 §258-1 ～ §258-4，將舊制「聲請交付審判」修改為現制「聲請准予提起自訴」。舊制交付審判是請法院強制將案件起訴，並由檢察官擔任公訴者的制度，由於此制度有違反審檢分立、控訴原則的疑慮，立法者於是修改為現制，賦予聲請人選擇是否提起自訴之權。

不起訴與緩起訴之救濟程序

不起訴與緩起訴處分的救濟程序，簡單圖示如下：

（告訴人提救濟）

不起訴或緩起訴處分 ➡ 告訴人不服 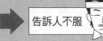 ➡ 再議 ➡ 聲請准予提起自訴

（職權再議）

重罪而被檢察官依第252條第10款為不起訴處分，或第253條之1之案件經檢察官為緩起訴之處分，而無得聲請再議之人者 ➡ 原檢察官依職權 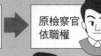 ➡ 再議

（被告提救濟）

緩起訴處分 ➡ 緩起訴處分「被撤銷」 ➡ 被告不服 ➡ 再議

再議的提起

收受處分書

再議狀

10天

聲請再議

再議應由告訴人或被告，於收受處分書後10日內，以書狀敘明理由，提出於原檢察官

10

再議的審查

上級檢察署檢察長（總長）
❶不合法，駁回
❷有理由，撤銷原處分
❸無理由，駁回

（此階段非必備）

原檢察署檢察長
❶有理由，撤銷原處分，再行偵查
❷無理由，維持原處分，往上送

原檢察官
❶不合法，駁回
❷有理由，撤銷原處分
❸無理由，往上送

❷聲請准予提起自訴後的撤回
（§258 - 2）

告訴人提出聲請後，法院裁定前，得撤回之。撤回聲請之人，不得再行聲請准予提起自訴。

❸法院的審查結果（§258 - 3）

法院應以合議進行審理，並分別下述情形而為處理：

①法院下裁定前認有必要時，得予聲請人、代理人、檢察官、被告或辯護人言詞或書面陳述意見的機會。

②聲請不合法者，駁回聲請（例如：已逾 10 日、未委任律師、書狀沒寫理由）

③聲請無理由者，駁回聲請。

④聲請有理由者，應定相當期間，裁定准予提起自訴。

⑤裁定聲請准予提起自訴的效力：法院裁定准許提起自訴者，僅賦予聲請人得提起自訴的機會，並無擬制起訴的效力，而是讓聲請人在前述法院所定期間內，自行決定是否提起自訴（與舊法交付審判「視為提起公訴」不同）。

⑥聲請人在前述期間內提起自訴者，檢察官應將卷證送交法院，開始自訴程序；沒有在期間內提起自訴者，不得再行自訴。法官有參與准許提起自訴裁定者，應予迴避，不得參與其後自訴的審判（§258-4）。

（三）不起訴、緩起訴處分的生效與確定

❶不起訴、緩起訴處分於對外公告時生效；於無通常救濟途徑（不得提起再議、聲請准予提起自訴時）時確定，因此生效時點與確定時點為不同概念。

❷不起訴、緩起訴處分生效時，即發生撤銷羈押、發還扣押物的效力（§259）。

❸不起訴、緩起訴處分的禁止再訴效力

①不起訴處分確定時會發生禁止再訴效力，緩起訴處分則須於緩起訴期間經過後而未經撤銷者，才會有禁止再訴效力。所謂禁止再訴效力即係指「不得對於同一案件再行起訴」（§260 I），又學理上認為須與實體事項有關的不起訴處分才有禁止再訴的效果，因此：

Ａ因第 252 條第 5～7 款之事由所為之不起訴處分：無禁止再訴的效力。

Ｂ因第 252 條第 1～4 款、第 8～10 款事由所為之不起訴處分，有禁止再訴的效力。

Ｃ第 253、254 條之不起訴處分，有禁止再訴的效力。

②禁止再訴效力的排除

不起訴處分已確定或緩起訴處分期滿未經撤銷，原則上不得對於同一案件再行起訴。立法者參照再審的規定，認為在下述情形，例外得再行起訴（§260 I）：

Ａ發現新事實或新證據者

所謂新事實新證據，早期實務解釋趨嚴，認為是指該證據在做成不起訴處分以前已存在，但未經發現，且足認被告有犯罪嫌疑者而言。112 年 6 月 21 日增訂§260 II 有所放寬，明定此處「新事實或新證據」是指檢察官偵查中已存在或成立而未及調查斟酌，及其後始存在或成立之事實、證據。

Ｂ有第 420 條第 1 項第 1 款、第 2 款、第 4 款或第 5 款所定得為再審原因之情形者。

聲請准予提起自訴的程序

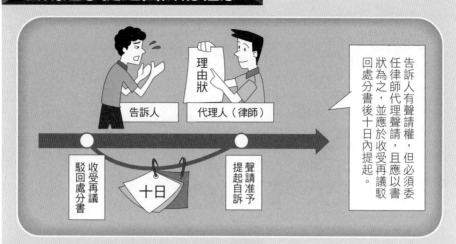

理由狀

告訴人　　　代理人（律師）

駁回處分書
收受再議

十日

聲請准予
提起自訴

告訴人有聲請權，但必須委任律師代理聲請，且應以書狀為之，並應於收受再議駁回處分書後十日內提起。

聲請准予提起自訴的審查

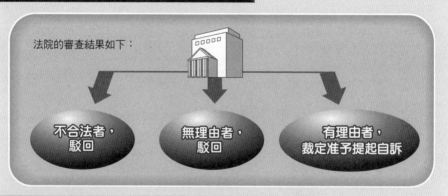

法院的審查結果如下：

不合法者，駁回

無理由者，駁回

有理由者，裁定准予提起自訴

不起訴、緩起訴處分的生效與確定

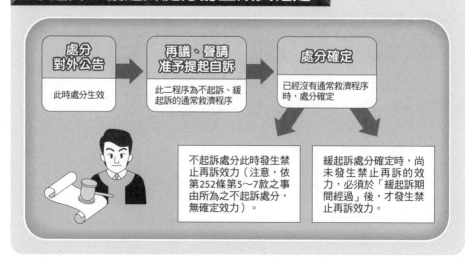

處分對外公告	再議、聲請准予提起自訴	處分確定
此時處分生效	此二程序為不起訴、緩起訴的通常救濟程序	已經沒有通常救濟程序時，處分確定

不起訴處分此時發生禁止再訴效力（注意，依第252條第5～7款之事由所為之不起訴處分，無確定效力）。

緩起訴處分確定時，尚未發生禁止再訴的效力，必須於「緩起訴期間經過」後，才發生禁止再訴效力。

第 **8** 章

起訴

UNIT **8-1**
公訴概說、起訴審查

（一）起訴概說

依不告不理原則，法院僅得就已經起訴的案件而為審理，未經起訴的案件不得審理（§§266、268、379⑫）。而起訴的方式，我國刑事訴訟法設有公訴及自訴制度，案件可經由公訴或自訴，提出於法院。公訴是指由檢察官擔任原告，所提起的訴訟程序；自訴則是指由被害人或其他自訴權人，擔任原告，所提起的訴訟程序。

（二）公訴的嫌疑門檻

本法第251條第1項規定，檢察官依取得的證據，足以認為被告有犯罪嫌疑者，方能提起公訴，而且檢察官就被告的犯罪事實，應盡舉證責任，並提出證明的方法（§161 I）。所稱「足認為有犯罪嫌疑」是指有罪判決的高度可能性之意。此即為提起公訴的「嫌疑門檻」，如果檢察官起訴未跨過此門檻，則可能遭法院在起訴審查程序中，駁回起訴。

（三）濫用公訴權的防止（起訴審查制）

檢察官如未盡其舉證責任，濫行起訴，難免損害人民權利，因此本法設有「起訴審查制」，法院可就未達起訴門檻的起訴，裁定命補正，如不補正還可駁回公訴：

❶何時審查

起訴審查時點為「第一審的第一次審判期日前」（§161 II），因為如果案件已進行到第二次、第三次審判期日，代表案件早已到達起訴門檻。同理，第二審當然更不適用起訴審查制。

❷審查程序

法院如認為檢察官指出的證明方法顯不足認定被告有成立犯罪的可能時（未達起訴門檻），有下述處理程序：

①第一步：裁定定期通知檢察官補正

法院於第一次審判期日前，認為檢察官指出的證明方法顯不足認定被告有成立犯罪的可能時，應以裁定定期通知檢察官補正（§161 II）。法院的此一審查程序，適用自由證明，不適用傳聞法則。

②第二步：裁定通知補正，檢察官仍未補正

如檢察官仍未補正，法院得以裁定駁回起訴（§161 II）。

③第三步：駁回起訴的效力

案件經駁回確定後，非有第260條第1項各款情形之一，不得對同一案件再行起訴（§161 III），如違反此規定而再起訴，應下不受理判決（§161 IV）。

🙂小博士解說

103年間，基隆警方查獲被告經營的DVD店，櫃臺下放置578片色情光碟，涉嫌販賣猥褻物品。經員警隨機抽選2片播放，確認是猥褻光碟後，加上被告自白等證據，檢察官即提起公訴，法院審查認定檢察官未確認其餘光碟是否確屬猥褻物品，並有其他未盡舉證責任之情，而裁定命檢察官補正，即為起訴審查適例。

起訴

不告不理原則，為重要的訴訟法原則，未經起訴的案件，法院不得審判，而經起訴的案件，法院即應審理；此即「不告不理，告即應理」。

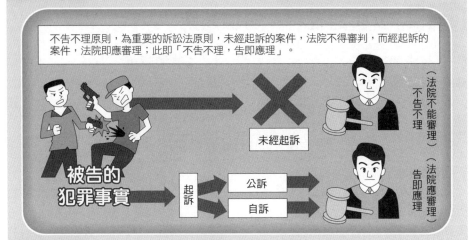

公訴

把瓶中的水，想像成犯罪嫌疑，隨著蒐集到的證據，其嫌疑程度會愈來愈高，如果檢察官認為，水也愈來愈高的證據，犯罪嫌疑已達有罪判決的高度可能（足認被告有犯罪嫌疑者），即已達起訴門檻，檢察官應提起公訴。

有罪判決高度可能 ⟶ 起訴門檻

相當理由認有犯嫌 ⟶ 大部分的強制處分門檻

簡單的初始懷疑 ⟶ 開始偵查門檻

起訴審查

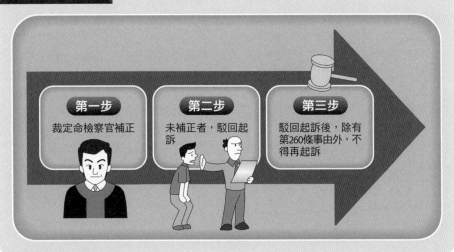

第一步 裁定命檢察官補正

第二步 未補正者，駁回起訴

第三步 駁回起訴後，除有第260條事由外，不得再起訴

UNIT **8-2**
公訴的程序、追加起訴

圖解刑事訴訟法

（一）起訴的程序

❶提出起訴書

①提起公訴，應向管轄法院提出起訴書（§264 I），不得以言詞為之。僅於追加起訴時，得以言詞為之（§265 II）。

②起訴書應記載事項（§264 II）

由於法院審判範圍必須特定，因此起訴書的記載，必須足以特定被告及犯罪事實，其事項如下：

Ａ被告之姓名、性別、年齡、籍貫、職業、住所或居所或其他足資辨別的特徵：此項記載要領在於「是否已經足夠特定出被告了」。

Ｂ犯罪事實及證據並所犯法條：犯罪事實的記載，必須儘量以人、事、時、地、物等因素加以特定出來，始足以表明其起訴範圍。而證據的記載，至少須達起訴門檻的嫌疑程度。所記載的法條，是指檢察官對於犯罪事實的法律上評價，並無拘束法院的效力。

❷將卷宗、證物送交法院

第 264 條第 3 項規定：起訴時，應將卷宗及證物一併送交法院。由此可知本法採卷證併送制度，不採起訴狀一本主義（又稱卷證不併送。此制度下，卷宗、證物不隨同起訴書併送法院，可避免產生預斷，維持審判公平）。惟國民法官法§43 I 規定「行國民參與審判之案件，檢察官起訴時，應向管轄法院提出起訴書，並不得將卷宗及證物一併送交法院」，採起訴狀一本主義（配套措施為卷證開示，亦即要將卷宗及證物給被告和辯護人看，參該法§53）。

（二）追加起訴

❶如尚未起訴的案件與已起訴的案件具有相牽連關係或為本罪的誣告罪，允許檢察官利用已進行中的訴訟程序，將案件追加起訴，合併在同一程序處理，以達到訴訟經濟、避免裁判歧異的目的。追加起訴亦為起訴的一種，但追加起訴除可以書狀提起訴訟外，於審判期日尚可以言詞提起（§265 III）。

❷追加起訴，應於第一審辯論終結前為之。

❸得追加的犯罪：得追加起訴的案件，限於與進行中的本案相牽連（§7），或為本案的誣告罪（§265 I）。而如果是起訴部分效力所及的他部（單一案件，參照 Unit2-9），本來就是審判的範圍，自無庸追加，簡單來說，只有數案件有追加起訴的問題，單一案件既無須，也不得追加。

😊 小博士解說

正義油品涉及豬油摻飼料油事件，高雄地檢署於民國 103 年 10 月 30 日以詐欺及違反食安法嫌疑，起訴該公司總經理及油商等人，104 年 6 月 17 日，檢察官依偵查結果，認為裕發油脂公司為正義公司飼料油的來源之一，該公司負責人表示，出貨時已告知是飼料油，不得做食品使用，然而檢察官仍然認為裕發公司的負責人有與正義公司人員共犯詐欺罪的嫌疑，因此追加起訴。檢察官即是認為兩案是數人共犯一罪的相牽連案件而追加起訴。

提起公訴

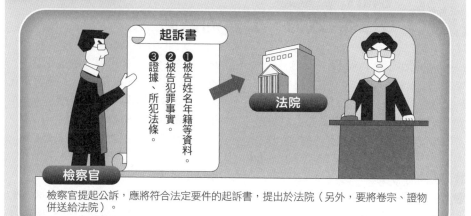

起訴書

❸ 證據、所犯法條。
❷ 被告犯罪事實。
❶ 被告姓名年籍等資料。

法院

檢察官

檢察官提起公訴，應將符合法定要件的起訴書，提出於法院（另外，要將卷宗、證物併送給法院）。

追加起訴的性質

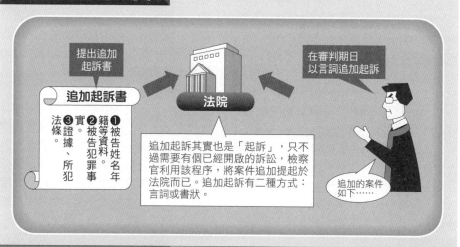

提出追加起訴書

追加起訴書

❸ 證據、所犯法條。
❷ 被告犯罪事實。
❶ 被告姓名年籍等資料。

法院

在審判期日以言詞追加起訴

追加起訴其實也是「起訴」，只不過需要有個已經開啟的訴訟，檢察官利用該程序，將案件追加提起於法院而已。追加起訴有二種方式：言詞或書狀。

追加的案件如下⋯⋯

追加起訴的要件

追加起訴，必須已有案件（案件1）在訴訟繫屬中，而所欲追加的案件（案件2），與案件1有相牽連或為本案的誣告罪，並在一審辯論終結前追加，始為合法。

案件2

訴 案件1 訟 程 序

一審辯論終結

UNIT **8-3**
公訴的效力、公訴的撤回

(一) 公訴的效力範圍

提起公訴後，案件發生訴訟繫屬，法院即應審理，反之，非起訴的部分，即非法院所能審理。又由於案件由被告及犯罪事實所組成，因此討論公訴效力範圍，可從人（被告）的範圍，及犯罪事實的範圍而為論述：

❶人的範圍

本法第 266 條「起訴之效力，不及於檢察官所指被告以外之人。」亦即檢察官起訴的效力，僅及於所指的被告。在通常情形，檢察官起訴的被告是誰應不至於混淆，但如遇有被告冒名、頂替、冒名並頂替時，就會產生疑問。例一：甲因竊盜涉案，冒乙之名應訊（冒名），被判有罪。例二：甲以自己之名，但是幫他人扛殺人罪，頂替他人犯罪（頂替），被判有罪。例三：甲以乙名應訊，並稱是自己所犯（冒名又頂替），被判有罪，則此三例中起訴效力以及判決效力究竟及於誰？實務見解認為例一及例二的檢察官偵查、訊問對象都是甲，起訴、判決效力都及於甲；例三起訴、判決效力則及於乙，不及於甲。

❷犯罪事實的範圍

公訴效力及於起訴的事實，以及因案件單一性所及部分的犯罪事實（§267），請參考 Unit2-9。

(二) 公訴的撤回

檢察官符合下述要件，得撤回起訴（§269）：

❶撤回時點

第一審辯論終結前。

❷須以撤回書為之，並敘明撤回理由

❸要件

必須有應不起訴或以不起訴為適當之情形，始得撤回。所稱「應不起訴」，是指第 252、255 條第 1 項之絕對不起訴的情形；所稱以不起訴為適當，是指第 253 條的相對（職權）不起訴的情形，依法務部的意見，並不包括第 254 條的情形。

❹撤回的效力

①撤回起訴與不起訴處分有同一之效力，以其撤回書視為不起訴處分書，準用第 255 條至第 260 條之規定（§270）。亦即，檢察官撤回起訴後，告訴人收到撤回書 10 日內得聲請再議，如撤回起訴確定（無通常救濟途徑時），發生與不起訴相同的禁止再訴效力（§270 準用 §260 I），如無第 260 條第 1 項兩種事由而再起訴者，法院應為不受理判決（§303 ④）。

②撤回起訴的主客觀效力：撤回起訴並無主觀不可分的效力，撤回僅對該撤回的被告有效，不及於共同被告，此與第 239 條的告訴主觀不可分應加以區分清楚。客觀效力方面，如果撤回單一案件的一部分，由於部分仍未撤回，仍繫屬於法院，基於案件單一性效力，訴訟繫屬效力仍及於全部，等於撤回不生效力，法院仍應審理全部犯罪事實。

公訴的效力

提起公訴既然是將「案件」提出於法院，使之繫屬於法院，而案件是由「被告、犯罪事實」所組成，因此公訴的效力範圍可從人的範圍，及犯罪事實的範圍而為說明：

公訴效力　→　被告 ＋ 犯罪事實

人的範圍
起訴效力不及於檢察官所指被告以外之人。如有冒名、頂替等情事，原則上依檢察官偵查的實際對象決定其「人的範圍」

物的範圍
起訴效力及於起訴的事實，與因為單一性所及的部分

冒名、頂替、冒名又頂替

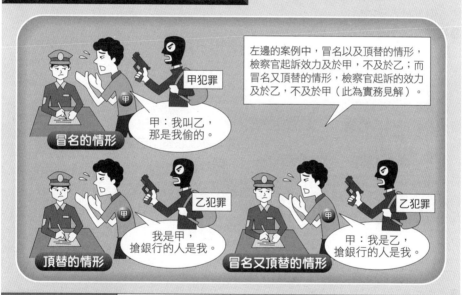

左邊的案例中，冒名以及頂替的情形，檢察官起訴效力及於甲，不及於乙；而冒名又頂替的情形，檢察官起訴的效力及於乙，不及於甲（此為實務見解）。

甲犯罪
甲：我叫乙，那是我偷的。
冒名的情形

乙犯罪
我是甲，搶銀行的人是我。
頂替的情形

乙犯罪
甲：我是乙，搶銀行的人是我。
冒名又頂替的情形

撤回公訴

撤回的時點	需於第一審辯論終結前撤回。
要式	須以撤回書，並載明理由。
要件	必須有應不起訴或以不起訴為適當之情形，始得撤回。
撤回的效力	❶法院無庸為判決。 ❷撤回起訴與不起訴處分有同一之效力，以其撤回書視為不起訴處分書，告訴人得再議。 ❸撤回起訴確定後，非有第 260 條第 1 項的事由者，不得再行起訴。

UNIT **8-4**
自訴概說（自訴主體與濫權禁止）

自訴是由被害人及其他自訴權人對被告的犯罪追訴的程序，在自訴程序，原告由自訴人擔任，與公訴程序由檢察官擔任原告不同，但自訴程序的進行除自訴章有特別規定外，大部分準用公訴程序起訴章、審判章的規定（§343）。

（一）自訴權人

得提起自訴之人規定於本法第 319 條第 1 項，有二種情形：

❶被害人

本法第 319 條第 1 項規定，犯罪之被害人得提起自訴。此處所指的犯罪被害人，與第 232 條的被害人相當，均是指犯罪當時的直接被害人而言。

❷被害人的法定代理人、直系血親或配偶

被害人如果是無行為能力，或限制行為能力人，或已經死亡者，無法擔任自訴人以進行訴訟程序，此時被害人的法定代理人、直系血親或配偶得提起自訴。

（二）得提起自訴的案件

❶得提起自訴的案件並無類型限制，不論是告訴乃論或非告訴乃論案件，受有直接被害之人，均得提起自訴。

❷同一案件，一部分得提起自訴，他部不得提起自訴，應如何適用其審判程序？就此立法者為了避免割裂同一案件的審判程序，認為原則上全部得提起自訴，但不得提起自訴的案件，是較重之罪，或其第一審為高等法院管轄的案件，或者是第 321 條的情形（對直系尊親屬或配偶不得自訴），此時全部不得提起自訴（§319 III）。

（三）濫用自訴權的防止

公訴權有濫用的可能，自訴權更是如是，本法防止濫用自訴權的方式析述如下：

❶自訴強制代理制

①為避免自訴人濫訴，及避免不諳法律的自訴人，無法適當進行訴訟程序而遭到敗訴的結果，本法第 319 條第 2 項規定，自訴的提起，應委任律師進行，第二審、第三審上訴程序亦同。

②如果自訴人未委任律師為代理人，逕行提起自訴者，法院應定期間以裁定命其委任代理人；逾期仍不委任者，應諭知不受理之判決（§329 II）。

③自訴人具律師身分者，無庸再委任代理人。

❷曉諭撤回自訴及裁定駁回自訴

法院或受命法官在第一次審判期日前，如調查發現自訴案件是民事事件，或自訴人利用自訴程序恫嚇被告者，法官得曉諭（告知）自訴人，請其撤回自訴（§326 I）。如前開調查結果，發現案件有應為或得為不起訴處分的情形（§§252～254），法院得以裁定駁回自訴（§326 III），駁回自訴的裁定確定者，除有第 260 條第 1 項各款情形，不得再行提起自訴，亦即發生禁止再行自訴的效力（§326 IV）。

自訴權人

自訴權人

被害人

被害人死亡、無行為能力或
限制行為能力時
被害人的法定代理人、直系血親
或配偶得提起自訴

得提起自訴的案件

自訴的案件類型

受有直接被害之人，得提起自訴；不論告訴乃論或非告訴乃論罪均可

但是，一個案件中，一部分可自訴，一部分不可自訴時，應如何處理？

得自訴 ○

同一案件

不得自訴 ✕

❶原則上：全部均可
自訴。
❷但如不得自訴的案
件，是較重之罪或者
其第一審為高等法院
管轄第一審案件的，
則第321條均不得自訴
全部均不得自訴。

濫用自訴權的防止

畢竟自訴人多半沒有法律專業，若對於自訴的提起未設任何限制，容易遭濫用，因此
本法對自訴設有限制：

從自訴人的角度，加以限制	・自訴的提起，應委任律師進行，第二審、第三審上訴程序亦同 ・自訴人具律師身分者，無庸委任代理人
從自訴的案件性質，加以限制	・自訴案件是民事事件，或自訴人利用自訴程序恫嚇被告者 ・再加上法院認為案件有應為或得為不起訴處分的情形（§§252～254），法院得以裁定駁回自訴

UNIT **8-5**
自訴的限制與撤回自訴

（一）自訴的限制

遇有下述三種情形，不得提起自訴，違反者，法院應為不受理判決（§334）：

❶對特定親屬不得自訴

①對於直系尊親屬（包括直系血親、直系姻親尊親屬）或配偶，不得提起自訴但依第 258 條之 3 第 2 項後段裁定而提起自訴者，不在此限（§321）。立法者設有本條前段的限制，係為避免該等親屬對簿公堂，有傷固有道德，影響家庭和諧。然而但書的情形，告訴人既已就其直系尊親屬或配偶向檢察官提起告訴，並歷經偵查、不起訴處分及再議等程序，雙方關係與告訴人直接提起自訴之時，已有不同；為維護相關案件告訴人之權益，設有此規定。

②早期實務見解援引「不得告訴不可分」的精神，認為對特定親屬不得自訴者，也有「不得自訴不可分」的效力，亦即，對於共犯告訴乃論罪者，其一人因受第 321 條限制而不得自訴者，對於其他共犯亦不得自訴，例如：甲因與小三偷腥，被配偶乙跟蹤蒐證，甲與小三發現後，共同將乙打傷，乙對甲因為第 321 條的規定而不得自訴，又由於甲與小三是傷害罪（告訴乃論）的共同正犯，乙對於小三也不得自訴。但上開早期實務見解被大法官釋字第 569 號解釋宣告為違憲，依此號解釋，本法僅限制乙不得對配偶甲自訴，但未限制對小三的自訴，故乙得對小三提起自訴。

❷告訴乃論之罪，已不得告訴或請求者，不得自訴

所稱已不得告訴者，包括告訴期間經過（§237）、告訴曾經撤回而不得再行告訴者（§238 II），以及依法不得告訴者（例如：依刑事訴訟法第 233 條第 2 項規定，代理告訴權人，與被害人的意思相反而不得告訴）。

❸對檢察官已開始偵查的案件不得自訴

同一案件在檢察官偵查中，又被自訴人提起自訴者，以何者為優先？現行法採公訴（偵查）優先原則，在同一案件經檢察官依第 228 條規定開始偵查時，不得再行自訴（§323 I）。但有二例外，告訴乃論之罪經犯罪之直接被害人提起自訴，或依第 258 條之 3 第 2 項後段裁定而提起自訴者，不在此限。

（二）自訴的撤回

❶告訴乃論或請求乃論之罪，自訴人得撤回自訴；非告訴乃論之罪，例如殺人罪，不得撤回自訴。撤回時間點限於第一審辯論終結前；原則上必須以撤回書狀為之，例外於審判期日或受訊問時，得以言詞撤回（§325 I、II）。法院並得曉諭被告撤回申訴（§326 I）。

❷撤回自訴者，訴訟關係消滅，法院不得再為任何判決。撤回自訴之人，不得再行自訴或告訴或請求（§325 IV）。

❸撤回自訴並無主觀不可分效力（與撤回告訴不同），撤回效力不及於共犯。

自訴的限制

立法者對於自訴，設有限制，如有以下三種情形，不得提起自訴：

特定親屬間在法庭上
互告不太好看

基於道德的理由所為之限制

· 對於直系尊親屬或配偶，不得提起自訴。
· 但依第258條之3第2項後段裁定而提起自訴者，
　不在此限。

告訴乃論或請求乃論
之罪，已不得告訴或
請求者，不得自訴

基於告訴權、請求權的理由所為之限制

告訴乃論、請求乃論之罪，其告訴或請求為訴訟條件，
如不具備告訴或請求，法院不得為實體判決。而如果案
件已經不得再行告訴或請求，卻容許提起自訴，無異於
透過自訴程序讓其告訴權復活，因此第322條規定，此
種情形，不得再行自訴。

現行法為「公訴優
先」，因此自訴人
要和檢察官比快

基於公訴優先的理由所為之限制

· 同一案件如經檢察官開始偵查，即不得再行自訴。
· 但如果該案為告訴乃論之罪，經直接被害人提起自
　訴者，或依第258條之3第2項後段裁定而提起自
　訴者，可以提起自訴。

自訴的撤回

自訴的提起，是將案件提出於法院（繫屬），而案件就如同下圖中的「球」，將球拿
回來，就是撤回自訴。自訴經撤回者，法院無庸為判決。

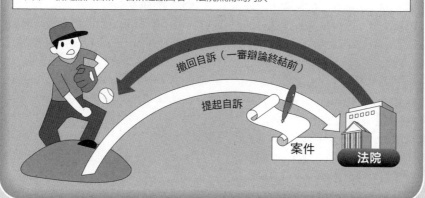

撤回自訴（一審辯論終結前）

提起自訴

案件

法院

UNIT 8-6
自訴的程序與審判

(一)自訴程序

❶自訴狀

自訴應提出自訴狀，不得以言詞為之（§320 I）自訴狀應記載被告姓名、性別、年齡、住所或居所，或其他足資辨別之特徵。並應以日、時、處所等特徵，具體記載被告的犯罪事實，以及證據與所犯法條（§320 II、III）。如記載內容不足以特定出被告或犯罪事實，法院應定期間命補正，不補正者則諭知不受理判決（依§343準用§303①）。

❷自訴的追加

自訴人得於第一審辯論終結前，就與本案相牽連之犯罪追加自訴（但不包含本罪的誣告罪，因為誣告罪是反訴的問題），於審判期日並得以言詞為之（§343準用§265）。

(二)反訴

❶反訴是指被告利用自訴程序，對自訴人提起的訴訟，性質上屬於自訴，只是原告、被告地位相反而已。由於公訴程序由檢察官擔任原告，因此公訴並無反訴制度，僅自訴得提反訴。

❷反訴的提起，必須是提起自訴的被害人犯罪，與自訴事實直接相關，而被告為其被害人者，才得提起。反訴時點則為第一審辯論終結前（§338）。

(三)自訴的效力

自訴準用公訴的規定，準用的結果（§343），主觀效力方面，自訴效力不及於被告以外之人（準用§266）；客觀效力方面，就單一案件一部自訴者，效力及於他部（準用§267）。

(四)自訴的承受與擔當

自訴人於辯論終結前，喪失行為能力或死亡者，得由第319條第1項所列得為提起自訴之人，於一個月內聲請法院承受訴訟；如無承受訴訟之人或逾期不為承受者，法院應分別情形，逕行判決或通知檢察官擔當訴訟（§332）。

(五)自訴的審判

❶自訴的審判，原則上準用公訴的規定。而檢察官於審判期日所能做的訴訟行為，在自訴程序，由自訴代理人為之（§329 I），舉證責任也由自訴人、自訴代理人負擔。

❷停止審判

自訴的案件，其犯罪是否成立或刑罰應否免除，取決於民事法律關係，而該民事案件未起訴者，法院審理自訴程序時，得停止審判，例如：竊取「他人」動產方能構成竊盜罪，但如果涉案動產究竟所有權屬於誰，尚有爭議，自訴法院就有停止審判的理由。而法院依法停止審判時，應限期命自訴人提起民事訴訟，逾期不提起者，應以裁定駁回其自訴（§333）。

❸法院的判決

①不得提起自訴而提起者，應諭知不受理之判決（§334）。不得提起自訴，例如第321～323條受自訴限制者，或非第319條自訴權人自訴者。

②諭知管轄錯誤之判決者，非經自訴人聲明，毋庸移送案件於管轄法院（§335）。

自訴的程序

提起自訴，應將符合法定要件的自訴狀，提出於法院。

自訴狀
❶被告姓名年籍等資料。
❷被告犯罪事實、證據、所犯法條。

法院

自訴的追加

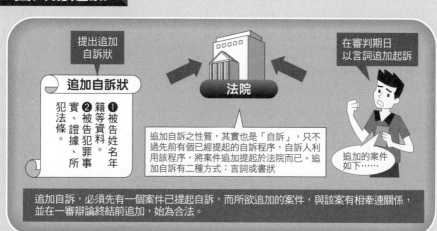

提出追加自訴狀

追加自訴狀
❶被告姓名年籍等資料。
❷被告犯罪事實、證據、所犯法條。

法院

在審判期日以言詞追加起訴

追加自訴之性質，其實也是「自訴」，只不過先前有個已經提起的自訴程序，自訴人利用該程序，將案件追加提於法院而已。追加自訴有二種方式：言詞或書狀

追加的案件如下……

追加自訴，必須先有一個案件已提起自訴，而所欲追加的案件，與該案有相牽連關係，並在一審辯論終結前追加，始為合法。

自訴的審判

自訴審判程序原則準用公訴，檢察官得為之訴訟行為，於自訴程序由自訴代理人為之。

自訴的案件，其成罪與否、刑罰應否免除，涉及民事爭議者，法院得停止審判，命自訴人提起民事訴訟加以解決該爭議。

法院審理後認為：❶不得提起自訴而提起者，應諭知不受理之判決；❷諭知管轄錯誤之判決者，非經自訴人聲明，毋庸移送案件於管轄法院。

第 **9** 章

審判

●●●●●●●●●●●●●●●●●●●●●●●●●●●●●●● 章節體系架構 ▼

UNIT **9-1**
通常審判程序──審理原則

開始介紹審判程序前，先介紹審判程序重要的審理原則：

（一）直接審理原則

直接審理原則要求法官應親自出庭、直接接觸證據；直接審理又可分為形式直接性，及實質直接性。形式直接性是指審判庭應由承審法官親自出庭。因此，審判期日如中途更換法官者，應依第 292 條第 1 項更新審判程序。實質直接性是指法院原則上僅能使用「原始證據」，不得使用第二手的「派生證據」。

（二）言詞審理原則

言詞審理原則是指法院審理應經言詞為之，只有經由言詞提供的訴訟資料，法院始得採為判決之基礎。但有下述情形之一者，例外不經言詞審理，而採書面審理。在書面審理時，當事人無庸到場，故稱為「兩造缺席判決」：

❶不涉及被告有罪與否實體事項的判決，得不經言詞辯論為之。例如：免訴判決、不受理判決、管轄錯誤判決（§307）、二審法院依第 372 條所為的判決等。

❷為求簡易、迅速的判決，得不經言詞辯論為之。例如：①簡易判決處刑的判決（§449）；②協商程序所為的判決（§455-4 II）。

❸法律審的判決，不經言詞辯論，此乃因言詞審理功能主要在於辨明「事實」，而法律審原則上不重新認定事實，因此「法律審」的判決原則上不經言詞辯論為之，此包括：①三審法院的判決（§389）（然而最高法院現行實務，對二審判決死刑案件，均依本條但書規定，開庭進行言詞辯論，就法律

上爭點為辯論。）；②非常上訴的判決（§444）。

❹為受判決人利益聲請再審的案件，受判決人已死亡或於再審判決前死亡者，不經言詞辯論（§437 I）。

（三）公開審理原則

為使法院在公眾監督下，達成公平審判的目標，訴訟的辯論及裁判的宣示，原則上應在公開法庭為之（參照法院組織法第 86、87 條）。

（四）集中審理原則

審判程序應儘可能連續、集中為之，以求訴訟迅速，且可維持法官新鮮的心證，俾於直接、言詞審理原則的功能（參照本法第 293 條、刑事妥速審判法第 4 條）。

小博士解說

「一造缺席判決」（得不待其陳述而為判決）與上述「兩造缺席判決」為不同概念，應予區別。而一造缺席判決的情形有：❶被告拒絕陳述者（§305 前段）；❷被告未受許可而退庭者（§305 後段）；❸法院認為應科拘役、罰金或應諭知免刑或無罪之案件，被告經合法傳喚無正當理由不到庭者（§306）；❹被告心神喪失，或因疾病不能到庭，而顯有應諭知無罪或免刑判決之情形者（§294 III）；❺自訴人於辯論終結前，喪失行為能力或死亡，而無人承受訴訟，法院得逕行判決（§332）；❻第二審上訴，被告經合法傳喚而無正當理由不到庭者（§371）。

通常審判程序的審理原則

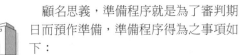

UNIT 9-2
準備程序、審判程序

（一）準備程序

顧名思義，準備程序就是為了審判期日而預作準備，準備程序得為之事項如下：

❶人的傳喚與通知

審判程序會出現的人，均需在準備程序事先通知，包括傳喚被告、代理人、檢察官、辯護人、輔佐人；通知被害人或其家屬（§271）；傳喚證人、鑑定人等。並指定審判期日（§272），俾便上開之人於期日到場。

❷物的調取與命提出

審判程序會出現的物（證據），應事先調取，因此法院得「命提出證物或可為證據之文書。」（§273 I ⑦）、「得調取或命提出證物。」（§274）、「為搜索、扣押」（§277）。

❸命補正起訴程式（§273 VI）

❹爭點整理

法院得在準備程序釐清下述爭點（§273 I）：①起訴效力範圍、有無變更起訴法條情形；②被告是否認罪、是否適用簡易型程序；③案件及證據的重要爭點；④有無證據能力；⑤是否聲請調查證據；⑥其他事項。

（二）審判期日

❶審判期日應到庭之人

①審判期日，法官、檢察官、書記官應出庭（§280）。

②被告亦應出庭，其不到庭者，不得審判，但有下列例外者，被告不到庭，亦得逕行審判：Ⓐ許用代理人之案件，得由代理人出庭（§281）；Ⓑ心神喪失或因疾病不能到庭之被告，顯應受無罪或免刑判決者，得逕行判決（§294）；Ⓒ法院認為應科拘役、罰金或應諭知免刑或無罪之案件，被告經合法傳喚無正當理由不到庭者，得不待其陳述逕行判決（§306）。

③強制辯護、指定辯護案件的辯護人應出庭，如無辯護人者，不得審判（§284）。

❷審判期日的順序

審判期日進行的順序如下：

①審判期日，以朗讀案由為始（§285）；②人別訊問（§286）；③檢察官陳述起訴要旨（§286）；④對被告踐行告知義務（§287）；⑤調查證據（§288 I）：調查證據程序，除依法定證據方法之調查程序行之以外，應注意第288條之1、第288條之2、第288條之3條之規定；⑥訊問被告（§288 III）；⑦被告科刑資料之調查（§288 IV）；⑧當事人就事實、法律、科刑範圍依序辯論（科刑辯論是來自於釋字775號的要求）；告訴人、被害人等就科刑範圍表示意見（§289）；⑨被告最後陳述機會（§290）；⑩宣示辯論終結。

❸審判之筆錄

審判期日應由書記官製作審判筆錄，相關規定如第44～48條所示。

😃小博士解說

準備程序的目的在於審判的準備，不得取代審判期日，因此，原則上不得在準備程序調查證據，例外於下述情形，得在準備程序調查證據：

❶「預料證人不能於審判期日到場」（§276 I）。

❷法院得於審判期日前為勘驗（§277）。

準備程序

審判前的準備

指定審判期日,再通知應到的人,準備應到的物,如有起訴程式不備者,先命補正;並先就案件爭點為整理。

指定
審判期日

15

傳喚被告、代理人、檢察官、辯護人、輔佐人;通知被害人或其家屬;傳喚證人、鑑定人

命補正
起訴程式

得調取或
命提出證物、文書

爭點整理

①起訴效力範圍、有無變更起訴法條情形;②被告是否認罪、是否適用簡易型程序;③案件及證據之重要爭點;④有無證據能力之事項,如法院認定無證據能力者,該證據不得於審判期日使用;⑤是否聲請調查證據;⑥其他事項。

準備完成,進入審判期日

審判期日

① 朗讀案由　　　　　　⑥ 訊問被告
② 人別訊問　　　　　　⑦ 被告科刑資料之調查
④ 對被告踐行告知義務　⑩ 宣示辯論終結
⑤ 調查證據程序

法官　　　法官　　　法官

被告

書記官　　　通譯

檢察官

⑧當事人辯論
⑨最後陳述

③陳述起訴要旨
⑧當事人辯論

UNIT **9-3**
審判的更新、停止及判決

（一）再開辯論

辯論終結後，法院就要下判決了，通常不會再有辯論程序。但如遇有必要情形，法院得命再開辯論（§291）。實務上，多是因為法官有必要的證據沒有調查到，才會再開辯論。

（二）審判的更新

更新審判，係指程序從頭再來一次，有下述情形，須更新審判程序：

❶承審法官有變更

依直接審理原則，案件應由審理的法官為判決，如承審法官換人，應更新審判程序。此見第 292 條第 1 項：「審判期日，應由參與之推事始終出庭；如有更易者，應更新審判程序。」而因為法院在「準備程序」及「宣判程序」時，不涉及審理實體事項，因此參與準備程序或宣判的法官有更易者，無庸更新審判程序（§§292 II、313）。

❷二次審判期日間隔 15 日以上

二次開庭間隔太久，法官對案件的印象也較為模糊，因此本法第 293 條規定，法院應更新審判程序。

（三）審判的停止

遇有下列事由，法院得或應裁定停止審判程序，但其事由消滅時，法院應繼續審判（§298）：

❶被告心神喪失者，應於其回復以前停止審判，但許用代理人的案件，委任有代理人者，不停止審判（§294 I、IV）。

❷被告因疾病不能到庭者，應於其能到庭以前停止審判，但許用代理人的案件，委任有代理人者，不停止審判（§294 II、IV）。

❸犯罪是否成立以他罪為斷，而他罪已經起訴者，得於其判決確定前，停止本罪之審判（§295）。

❹被告如果犯了其他重罪被起訴，而可能受重刑判決，法院認為本罪科刑對於應執行刑無重大關係者，得於該重罪判決確定前停止本案的審判（§296）。

❺犯罪是否成立或刑罰應否免除，會受另案已起訴的民事判決結果影響的話，得在民事程序終結前，停止審判（§297）。

（四）審判的終結──下判決

法院下判決，代表一個審判程序的終結，而判決的種類如下：

❶**有罪判決**：被告被證明有罪的話，法院應該下有罪判決（§299 I）。

❷**無罪判決**：無法證明被告有罪，或其行為不罰者，法院應為無罪判決（§301 I）。

❸免訴判決

案件有下列情形，法院應諭知免訴判決（§302）：

①曾經判決確定者；②時效已完成者；③曾經大赦者；④犯罪後之法律已廢止其刑罰者。

❹不受理判決（§303）

有以下情形，法院應為不受理判決：①起訴的程式違背規定；②案件在同一個法院重複起訴；③告訴或請求乃論之罪，未具備合法的告訴或請求；④違背第 260 條第 1 項的規定再行起訴；⑤被告死亡者或法人已不存續；⑥無審判權；⑦案件在不同法院重複起訴。

❺管轄錯誤判決（§304）

無管轄權之案件，應諭知管轄錯誤之判決，並同時移送管轄法院。

再開辯論

辯論終結後 ➡ 法官認為有必要 ➡ 再開辯論

更新審判

❶庭期間相隔太久
❷法官更易

程序進行中

朗讀案由

從頭再來一次

停止審判

卡！停止審判事由

❶被告心神喪失，尚未回復者
❷被告生病不能到庭
❸犯罪是否成立以他罪為斷，而他罪已經起訴者
❹被告如果犯了其他重罪被起訴，而可能受重刑判決，法院認為本罪科刑對於應執行刑無重大關係者
❺犯罪是否成立或刑罰應否免除，會受另案已起訴的民事判決結果影響

審判的終結──下判決

法院下判決，代表審判程序的終結，判決的種類有五：

看到這個就知道審判程序終結了

有罪判決
無罪判決
不受理判決
管轄錯誤判決
有罪判決

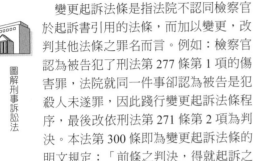

UNIT 9-4
變更起訴法條

(一)何謂變更起訴法條

變更起訴法條是指法院不認同檢察官於起訴書引用的法條，而加以變更，改判其他法條之罪名而言。例如：檢察官認為被告犯了刑法第 277 條第 1 項的傷害罪，法院就同一件事卻認為被告是犯殺人未遂罪，因此踐行變更起訴法條程序，最後改依刑法第 271 條第 2 項為判決。本法第 300 條即為變更起訴法條的明文規定：「前條之判決，得就起訴之犯罪事實，變更檢察官所引應適用之法條。」

(二)變更起訴法條的要件

符合下述要件，法院得變更起訴法條：

❶需在「同一案件」範圍內為之

法院只能在檢察官起訴的案件範圍內審理，亦即只能在檢察官起訴的「同一案件」（參 Unit2-10）範圍內審理。變更起訴法條當然也必須在同一案件範圍內為之，不能超出檢察官起訴的範圍。例如：檢察官認被告甲在 9 月 3 日伸出鹹豬手摸乙女胸部，涉犯強制猥褻罪，法院審理後認為甲確有伸出手，但其實甲是要強搶乙女的項鍊，應該構成搶奪罪，此時因為法院所認定的事實與檢察官起訴的事實非為「同一犯罪事實」，並非在檢察官起訴範圍之內，法院應不得審理，自不得變更起訴法條而為判決。

❷法院認定的法條與起訴書所載法條不同

法條不同究何所指？就此曾有同章說、同條說、同項款說之爭議，實務通說採「同項款說」，亦即，不同項款即應變更起訴法條。例如：起訴刑法第 210 條偽造私文書，法院認為第 211 條偽造公文書，為不同條；起訴刑法第 217 條第 1 項偽造公印罪，法院認為第 217 條第 2 項盜用公印罪，為不同項，均應踐行變更起訴法條程序。

❸需為有罪判決

依第 300 條的規定，所謂「前條之判決」，係指第 299 條的有罪判決，法院僅得在下有罪判決時，才能變更起訴法條。

(三)變更起訴法條的程序

為保障被告的防禦權，變更起訴法條應踐行下述程序：

❶踐行告知義務，告知變更後的罪名

依第 95 條第 1 項第 1 款之規定，訊問被告應告知所犯罪名，罪名如有變更，應再告知。

❷給予辨明的機會

告知罪名變更後，應予被告就新的罪名為辨明的機會，避免影響被告防禦權，例如：檢察官起訴刑法第 277 條第 1 項的傷害罪，被告也僅就傷害罪的部分為答辯，審理結果，法院認為是第 271 條第 2 項的殺人未遂罪，如未給予被告辨明的機會，逕行判決，如此對於被告防禦權實有極大傷害。

❸判決書引用第 300 條

最後，法院應在判決書引用第 300 條。

變更起訴法條的要件

變更起訴法條應符合三要件：
②法官認定的法條與檢察官的不同

①同一案件

我認為是B罪（B法條）

我要下③有罪判決

我認為是A罪（A法條）

檢察官

法官

變更起訴法條的程序

①告知變更的罪名

本院認為你所犯的罪名應從A罪變更為B罪

②給予辨明的機會

冤枉啊，我沒有犯B罪

③判決書引用第300條

判決書
xx地方法院
刑事判決
第300條

UNIT *9-5* 簡式審判程序

簡化的程序包括本單元的簡式審判程序，及 Unit9-6 的簡易程序及 Unit9-7 的協商程序，其共通的立法理由在於「訴訟經濟」，在被告不爭執犯罪嫌疑或罪證明確，且所犯非重罪的情形下，本於「明案速判，疑案慎斷」的審理原則，簡化程序，賦予迅速終結審判的途徑，以達節省司法資源的目的。

(一) 簡式審判程序概說

被告不爭執的非重大案件，適合以簡化的程序處理，以合理分配司法資源，促進訴訟經濟。簡式審判程序的制度特色，在於「簡化的證據調查程序」。

(二) 適用簡式審判程序的要件 (§273-1)

❶ 適用的案件類型：非重罪才能適用簡式審判程序，因此如被告所犯為「死刑、無期徒刑、最輕本刑為三年以上有期徒刑之罪或高等法院管轄第一審案件」就不得適用簡式審判程序。

❷ 被告於準備程序中為有罪陳述：即被告自承有罪。

❸ 審判長告知簡式審判程序之旨，並聽取當事人、代理人、辯護人及輔佐人之意見。

❹ 法院裁定進行簡式審判程序。

(三) 簡式審判之審理 (§273-2)

簡式審判之審理程序特徵，一言以蔽之，在於「證據調查程序的簡化」，以及「不適用傳聞法則」：

❶ 不適用傳聞法則 (§159 I)。

❷ 法院調查被告自白，不受調查次序的限制 (§161-3)。

❸ 法院調查證據的範圍、次序及方法，不受當事人及訴訟關係人意見的拘束 (§161-2)。

❹ 調查證據聲請、調查證據方法不受第 163 條之 1 及第 164 至 170 條的限制。

(四) 簡式審判的變更

法院裁定進行簡式審判後，認為不應該或不適宜進行簡式審判程序者，應撤銷原裁定，依通常程序審判 (§273-1 II)。如有前項情形，除當事人無異議者外，法院並應更新審判程序 (§273-1 III)。

😊 小博士解說

臺灣高等法院暨所屬法院 93 年法律座談會刑事類提案第 30 號

法律問題：被告所犯為死刑、無期徒刑、最輕本刑為三年以上有期徒刑之罪或高等法院管轄第一審案件以外之罪，於準備程序中先就被訴事實為有罪之陳述，惟法院按公訴人提出之證據認為不能證明被告犯罪或認定被告之行為不罰，應為無罪之諭知時，得否依刑事訴訟法第 273 條之 1 第 1 項，於審判長告知被告簡式審判程序之旨，並聽取當事人、代理人、辯護人及輔佐人之意見後，裁定進行簡式審判程序？

決議：簡式審判程序之利用，限於法院認定與被告陳述相符之有罪判決，始能符合該制度之立法目的……立法者於訂立本條之初，即有排除依簡式審判程序為無罪判決之意旨。

程序簡化的理由

簡式審判程序、簡易程序、協商程序為三大簡化的程序，其共通立法理由為：「訴訟經濟」，及「案情明確性」、「效果輕微」，但制度建構上，仍有不同：

	簡式審判程序	簡易程序	協商程序
效果輕微	僅非重罪的案件始能適用	對被告所科之刑以宣告緩刑、得易科罰金或得易服社會勞動之有期徒刑及拘役或罰金為限	僅非重罪的案件始能適用。且法院為協商判決所科之刑，以宣告緩刑、二年以下有期徒刑、拘役或罰金為限
案情明確性	被告於準備程序中為有罪陳述	依被告之自白或現存之證據，已足夠認定其犯罪者	被告認罪
訴訟經濟	簡化證據調查程序、不適用傳聞法則	書面審理、不適用傳聞法則、判決書簡略製作	不適用傳聞法則、不經言詞辯論、於協商合意範圍內為判決、不得上訴

簡式審判程序之要件及特徵

所謂簡化的程序，都是從通常程序少了一些程序，使程序快速進行。以車輛來比喻簡式程序：具備了要件，就可以啟動簡式程序，而省略掉的部分，就像丟棄了貨物，會使得車開得更快（程序迅速進行）。

傳聞法則不適用

第161-2、161-3條之規定不適用

被告自白調查次序限制不適用

第163-1、164~170條之調查證據方法不適用

非重罪＋被告於準備程序為有罪之陳述＋審判長盡告知義務＋法院裁定進行簡式審判程序＝啟動簡式審判程序

UNIT **9-6** 簡易程序

（一）簡易程序概說

罪責較為輕微、被告自白或案情較為明確的犯罪，法院不經通常程序，而逕以簡易判決處刑的程序，稱為簡易程序。

（二）簡易程序之要件（§449）

❶適用的案件類型

①地方法院管轄之第一審案件：依第449條第1項之規定，僅第一審法院得適用簡易程序，而高等法院管轄第一審之案件性質上不得適用簡易程序（見下述），故僅有地方法院管轄之第一審案件得以適用簡易程序。

②需非強制辯護之案件：依第31條第1項之規定，最輕本刑為3年以上有期徒刑或高等法院管轄第一審或被告因精神障礙或其他心智缺陷無法為完全陳述等案件者，為強制辯護案件（詳細請翻閱第31條第1項），如無辯護人到庭不得審判（§284），亦即此類案件性質上應經言詞辯論；反之簡易程序原則上為書面審理，是以強制辯護案件不得依簡易程序處理。

❷需罪證明確

依被告的自白或現存的證據，已足夠認定其犯罪者。

❸需經檢察官聲請（§449Ⅰ）或法院依職權開啟（§449Ⅱ）

❹僅能為有罪判決（§449Ⅲ）

❺需無第451條之1第4項但書的情形

案件如不符合❶～❹的要件，或者法院認為檢察官的請求顯有不當或顯失公平的情形，不得適用簡易程序，而應依通常程序處理（§452）。

（三）簡易程序的審理、判決

❶適用簡易程序審理的案件，法院應為簡易判決處刑。

❷對被告所科之刑以宣告緩刑、得易科罰金或得易服社會勞動之有期徒刑及拘役或罰金為限（§449Ⅲ）。

❸簡易判決書得以簡略的方式製作，此參照第454條之規定。

（四）簡易判決的救濟

對於簡易判決有不服者，得上訴於管轄的第二審地方法院合議庭（§455-1Ⅰ），而由於準用上訴第二審的通常程序，故受理簡易判決上訴的地方法院合議庭，係依通常程序審理。

（五）簡易程序中的認罪協商（§451-1）

簡易程序亦設有認罪協商程序，其要件如下：

❶符合簡易程序的案件。

❷被告自白犯罪。

❸被告偵查中向檢察官、審判中向法院表示願受科刑的範圍。

❹檢察官具體求刑：檢察官如接受被告願受科刑的範圍，即以被告的表示為基礎，向法院求刑或為緩刑宣告的請求。檢察官求刑前，並得徵詢被害的的意見，命被告向被害人道歉或支付賠償金。

❺法院應於檢察官求刑或緩刑宣告請求的範圍內為判決：除有第451條之1第4項的情形外，法院應於檢察官求刑或緩刑宣告請求的範圍內為判決。

❻依協商程序所為的判決，不得上訴（§455-1Ⅱ），但如案件不符合協商判決要件，所為的協商判決，得上訴。

簡易程序／簡式程序之比較

	簡易程序	簡式程序
案件類型	地方法院管轄的第一審非強制辯護案件	被告所犯為死刑、無期徒刑、最輕本刑為三年以上有期徒刑之罪或高等法院管轄第一審案件以外的案件
罪證明確性	依被告的自白或現存的證據，已足夠認定其犯罪者	被告於準備程序中為有罪陳述
開啟要件	檢察官聲請或法院依職權開啟	法院裁定進行簡式審判程序
傳聞法則之適用	不適用傳聞法則	不適用傳聞法則
審理原則	書面審理	言詞審理
判決類型	僅能為有罪判決	僅能為有罪判決
刑度輕微性	以宣告緩刑、得易科罰金或得易服社會勞動的有期徒刑及拘役或罰金為限	在上開案件法定刑度內均可宣告

簡易程序的要件及特徵

具備了要件，就可啟動簡易程序，而簡易程序簡化了一些審理程序，就像丟棄的貨物，讓簡易程序更迅速。

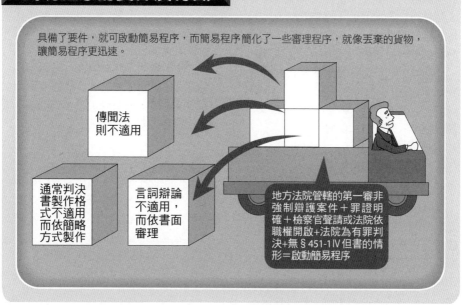

傳聞法則不適用

通常判決書製作格式不適用而依簡略方式製作

言詞辯論不適用，而依書面審理

地方法院管轄的第一審非強制辯護案件＋罪證明確＋檢察官聲請或法院依職權開啟＋法院為有罪判決＋無§451-1Ⅳ但書的情形＝啟動簡易程序

UNIT 9-7
協商程序

（一）協商程序概說

依新法的規定，協商程序為審判中的協商，被告與檢察官得就非重罪的案件進行刑度範圍的協商，法院應受協商合意拘束，當事人的上訴救濟權利並受限制，具有快速終結訴訟的效果。

（二）協商程序的要件

❶案件類型→非重罪的案件

依第 455 條之 2 第 1 項，須所犯為死刑、無期徒刑、最輕本刑三年以上有期徒刑之罪或高等法院管轄第一審案件「以外」的案件，才能適用協商程序，亦即，須非重罪的案件。

❷所科之刑→效果輕微性

法院為協商判決所科之刑，以宣告緩刑、二年以下有期徒刑、拘役或罰金為限（§455-4 II）。

❸時期→案件在第一審地方法院繫屬中

案件須「經檢察官提起公訴或聲請簡易判決處刑，於第一審言詞辯論終結前或簡易判決處刑前」（§455-2 I），始得進行協商程序。

❹開啟要件→檢察官聲請、法院同意

協商程序的進行，須經檢察官向法院聲請，法院同意後始得開啟（§455-2 I）；被告、辯護人或代理人並無聲請權，僅得請求檢察官向法院聲請。

（三）協商程序的進行
　　（§§455-2、455-3）

開啟協商程序後，被告與檢察官依下述方式為協商：

❶被告與檢察官於審判外進行協商
❷就刑度範圍及其他負擔進行協商

被告與檢察官得就以下事項進行協商，其中第②、③款事項，應得被害人

同意：①被告願受科刑之範圍或願意接受緩刑之宣告；②被告向被害人道歉；③被告支付相當數額之賠償金；④被告向公庫或指定之公益團體、地方自治團體支付一定之金額。

❸被告認罪

❹協商內容如達成合意，由檢察官聲請法院改依協商程序為判決

如當事人就協商內容達成合意，由檢察官聲請法院改依協商程序為判決。但被告在法院訊問及告知程序終結前，得隨時撤銷協商合意；被告違反與檢察官之協議內容時，檢察官亦得撤回協商程序之聲請。

（四）協商程序的審理、判決

案件經達成合意者，法院的審理、判決程序如下：❶無傳聞法則之適用（§455-11 II）；❷法院無庸合議審判（同前條）；❸法院應訊問被告並告以所認罪名、法定刑及所喪失之權利（§455-3 I）；❹如有第 455 條之 4 第 1 項各款情形者，法院應裁定駁回協商判決之聲請，改依通常、簡易或簡式程序處理；❺法院應於協商合意範圍內為判決：協商合意無第 455 條之 4 第 1 項各款情形者，法院應不經言詞辯論，於協商合意範圍內為判決（§455-4 II）。

（五）協商程序的救濟

依協商程序所為的科刑判決，原則上是不得上訴的，只在判決有第 455 條之 4 第 1 項第 1、2、4、6、7 款之情形，或違反第 455 條之 4 第 2 項的規定，才能上訴（§455-10）。

協商程序／簡式程序中認罪協商之比較

	協商程序	簡易程序中之認罪協商
案件類型	所犯為死刑、無期徒刑、最輕本刑三年以上有期徒刑之罪或高等法院管轄第一審案件「以外」之案件	地方法院管轄的第一審非強制辯護案件
時期	第一審地方法院繫屬中	偵查中、第一審地方法院繫屬中
效果輕微性	以宣告緩刑、二年以下有期徒刑、拘役或罰金為限	以宣告緩刑、得易科罰金或得易服社會勞動之有期徒刑及拘役或罰金為限
罪證明確性	被告需認罪	被告自白犯罪
開啟要件	檢察官聲請、法院同意	檢察官求刑即開啟
協商範圍	刑度範圍、其他負擔	刑度範圍、其他負擔
審理原則	言詞審理、不適用傳聞法則	書面審理、不適用傳聞法則
判決	應為有罪判決、法院受當事人合意的拘束	應為有罪判決、法院受當事人合意的拘束
救濟限制	原則上不得上訴（有例外）	原則上不得上訴（有例外）

協商程序的要件及特徵

具備了要件，即可啟動協商程序，而協商程序簡化了一些審理程序，就像從一部通常程序車上丟棄的貨物，讓協商程序車行駛得更迅速。

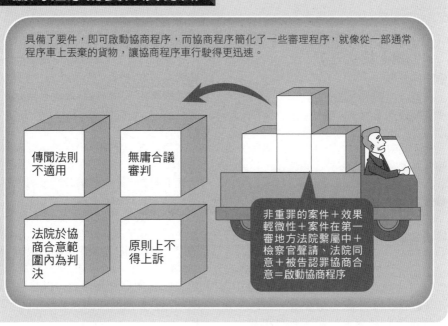

傳聞法則
不適用

無庸合議
審判

法院於協
商合意範
圍內為判
決

原則上不
得上訴

非重罪的案件＋效果輕微性＋案件在第一審地方法院繫屬中＋檢察官聲請、法院同意＋被告認罪協商合意＝啟動協商程序

UNIT **9-8**
被害人的權利保障

以往刑事訴訟法關於被告的權利及義務，規定得較為詳細，相較之下，被害人在刑事程序上的參與程度，規定較為不足。109 年修法著重於「修復式司法」的理念，加強被害人參與的過程及權利保障，以期達到修補傷害的目的，內容如下：

（一）被害人的陪同，以及隱私的保護

被害人在偵查或審判中到場陳述時，與被害人有特定身分關係之人，或其信賴之人，經被害人同意後，得陪同在場，並得陳述意見（但有例外）（§§248-1、271-3）。法院、偵查機關應注意被害人及其家屬的隱私保護。必要時得利用遮蔽設備隔離（§§248-3、271-2）。

（二）移付調解或修復

檢察官、法院得將案件移付調解，或依聲請轉介專業機關進行修復（§§248-2、271-4）。

（三）被害人的訴訟參與（增訂第七編之三）

❶**案件類型**

被害人可參與訴訟的案件類型，限於侵害被害人生命、身體、自由及性自主等影響人性尊嚴至鉅之案件（例如：致人於死或致重傷、妨害性自主的案件、強盜罪等案件）（案件種類繁多，詳見§455-38 I）

❷**聲請程序**

①被害人得以書狀聲請參與訴訟、限於事實審始可聲請（§§455-38、455-39）。

②法院對於前述聲請，認為不合法者裁定駁回之，其可補正者應命補正（§455-40 I）。認為適當者，應為准許訴訟參與之裁定；認為不適當者，

應以裁定駁回之。以上裁定，不得抗告（§455-40 II、III），以避免過度阻礙程序的迅速進行。

❸**代理人**

①訴訟參與人得隨時選任代理人，人數最多三人，原則上應選任律師充之（但有例外），如有第 31 條第 1 項第 3 款至第 6 款、同條第 2 項至第 4 項的情形，審判長應指定公設辯護人或律師擔任代理人（§455-41）。

②代理人於審判中得閱卷。但代理人為非律師者，不得閱卷。無代理人或代理人為非律師的訴訟參與人於審判中得請求付與卷宗及證物的影本。但其內容與案情無關或足以妨害另案的偵查，或涉及他人隱私或業務秘密者，法院得限制之。對前項限制，得提起抗告（§455-42）。

❹**選定或指定代表人**

訴訟參與人有多數時，得由其中選定代表人以進行訴訟。法院亦可依職權指定。有了代表人，訴訟參與的權利由其行使之（§455-45）。

❺**訴訟參與程序**

①準備程序及審判程序，應通知訴訟參與人及其代理人到場；第 273 條第 1 項各款事項，法院應聽取訴訟參與人及其代理人之意見（§§455-43 I、455-44）。

②每調查一證據畢，審判長應詢問訴訟參與人及其代理人有無意見，法院並應使上開之人，有辯論證據證明力的適當機會（§455-46）。

③審判長於行第 289 條關於科刑的程序前，應予訴訟參與人及其代理人、陪同人就科刑範圍表示意見之機會（§455-47）。告訴人、被害人或其家屬等人在審判期日到場者，得在科刑辯論前，就科刑的範圍表示意見（§289 II）。

被害人加強保護

訴訟參與程序

訴訟參與制度，讓被害人在訴訟上較有影響力

第 **10** 章

通常救濟程序——上訴與抗告

UNIT **10-1**
上訴總論——上訴權人、上訴權喪失

對法院裁判不服而提起的救濟程序，可分為通常救濟程序與非常救濟程序，通常救濟程序是對未確定裁判所提起的救濟程序，包括上訴、抗告。非常救濟程序則是對已確定裁判所提起的救濟程序，包括再審、非常上訴、回復原狀。本單元先介紹「上訴」。

（一）上訴總論

上訴，是對於法院所為的判決不服，而開啟的救濟程序，對第一審法院判決不服者，上訴至二審，再至三審（然而有部分案件為二審終結，即無第三審可言）。一、二審為事實審，能救濟事實認定錯誤與法律適用錯誤；第三審為法律審，僅能救濟法律適用錯誤。本單元為上訴總論，是通用於上訴二審、三審的一般性原則，規定於本法第 344 條至第 360 條。

（二）上訴權人

❶當事人

①檢察官

🅐檢察官除得為被告不利益而上訴以外（§344 I），也可為被告利益提起上訴（§344 IV），此乃因檢察官的客觀性義務所致（§2）。

🅑告訴人及被害人並無上訴權，僅得請求檢察官上訴，惟請求並無拘束力，受請求的檢察官得裁量是否提起上訴。

②被告

🅐被告為當事人，有提起上訴之權（§344 I）。

🅑被告只能為自己利益提起上訴（上訴利益），如被告為自己不利益提起上訴，其上訴不合法，應予駁回。例如被告原審被判無罪，上訴請求判處有罪，其上訴不合法。

🅒擬制上訴：擬制上訴是指「宣告死刑的案件，原審法院應不待上訴依職權逕送該管上級法院審判」（§344 V），而此種情形，視為被告已提起上訴（§344 VI）。本條項舊法原本規定，宣告無期徒刑者，也應職權上訴，但立法者認為，死刑一旦執行了，就不可補救了，無期徒刑並非不可補救，因此為了尊重被告意願，宣告無期徒刑者，毋庸職權上訴。

③自訴人

🅐自訴人於自訴案件為當事人，得提起上訴（§344 I），但僅能以不利益於被告為限。

🅑自訴人如於辯論終結後喪失行為能力或死亡者，得由其法定代理人、直系血親或配偶提起上訴（§344 II）。

❷被告的法定代理人或配偶

被告的法定代理人或配偶，得為被告利益獨立上訴（§345），縱使被告不同意亦得上訴。被告如喪失上訴權者，亦不影響法代與配偶的上訴權。至於是否具備法代或配偶的身分，以提起上訴時為判斷時點。

❸原審的代理人或辯護人

原審的代理人或辯護人，得為被告的利益而上訴（§346），但其等僅為代理上訴權，並非獨立上訴權，故不得與被告明示的意思相反（§346），且被告喪失上訴權者，代理人或辯護人亦不得上訴。

❹自訴案件的檢察官亦得上訴（§347）

對法院裁判的救濟

通常救濟
上訴
抗告

非常救濟
再審
非常上訴
回復原狀

對於尚未確定的裁判，提起救濟者，為通常救濟程序。

對於已確定的裁判，提起救濟者，為非常救濟程序。

上訴與抗告

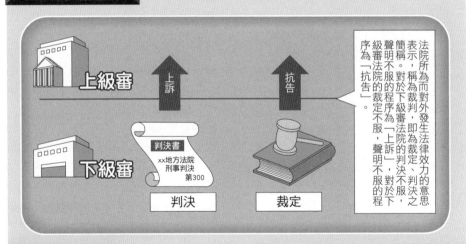

上級審

上訴　抗告

下級審

判決書
xx地方法院
刑事判決
第300

判決

裁定

法院所為而對外發生法律效力的意思表示，稱為裁判，即為裁定、判決之簡稱。對於下級審法院的判決的程序為「上訴」，對於下級審法院的裁定不服，聲明不服的程序為「抗告」。

上訴權人

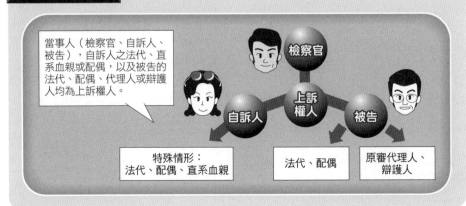

當事人（檢察官、自訴人、被告），自訴人之法代、直系血親或配偶，以及被告的法代、配偶、代理人或辯護人均為上訴權人。

檢察官

上訴權人

自訴人

被告

特殊情形：
法代、配偶、直系血親

法代、配偶

原審代理人、辯護人

UNIT **10-2**
上訴總論──喪失上訴權、上訴程序

（一）上訴權的喪失

上訴權因捨棄上訴權或撤回上訴而喪失（§359），以下分述之：

❶捨棄上訴權

當事人得以書狀，向原審法院捨棄其上訴權，但於審判期日，得以言詞為之（§§353、357 I、358 I），捨棄上訴權者，喪失其上訴權（§359）。

❷撤回上訴

撤回上訴與捨棄上訴權不同，前者是指已提起上訴，再撤回者；後者是指在提起上訴前，就已捨棄上訴權。撤回上訴要件及效力，說明如下：

①上訴於判決前，得撤回之。案件如經第三審法院發回原審法院或發交與原審法院同級的其他法院，已回復至原審未判決前的狀態，此時亦得撤回（§354）。

②撤回上訴，應向上訴審法院為之。但於該案卷宗送交上訴審法院以前，得向原審法院為之（§357 II）。

③撤回上訴，應以書狀為之。但於審判期日，得以言詞為之（§358 I）。

④為被告之利益而上訴者，非得被告之同意，不得撤回（§355）。所稱為被告之利益上訴者，是指檢察官為被告利益上訴、被告法定代理人及配偶為被告利益上訴，或者原審代理人或辯護人為被告利益上訴的情形。

⑤自訴人上訴者，非得檢察官之同意，不得撤回（§356）。

⑥撤回上訴後，訴訟繫屬消滅，法院不得再為任何裁判。

（二）上訴程序

❶上訴書狀

①上訴，應以書狀向原審法院提出，不得以言詞為之（§350 I）。上訴書狀縱使誤用抗告或再審字樣者，仍發生上訴效力。

②在監獄或看守所的被告，不能自作上訴書狀者，監所公務員應為之代作（§351 II）。

❷上訴期間

①上訴期間為 20 日，自送達判決後起算。但判決宣示後送達前，也可提起上訴（§349）。如裁判正本漏載上訴期間（§314 I）或得上訴案件誤載「不得上訴」，也不會影響上訴期間的進行。

②判決宣示前，因判決尚未生效，此時提起上訴者，不生效力。必須在判決宣示後始得提起上訴。

③上訴是否逾期，應以上訴書狀實際到達法院之日為準。但在監獄或看守所的被告，於上訴期間內向監所長官提出上訴書狀者，視為上訴期間內的上訴（§351 I）。

🙂小博士解說

民國 102 年間桃園縣蘆竹鄉王姓鄉民代表因在醫院掌摑院護理人員，遭控公然侮辱及傷害，案件經媒體大幅報導，引起矚目。本案經桃園地方法院判處有期徒刑 5 月，王姓鄉民代表在上訴期間提起上訴，但在二審程序撤回上訴。由於撤回上訴者，喪失上訴權，本案已無通常救濟程序，判決於是確定。

上訴權的喪失

捨棄上訴權

刑事陳報狀

我捨棄上訴權

我捨棄上訴權

以言詞或書狀捨棄上訴權

當事人得以書狀，向原審法院捨棄其上訴權，但於審判期日，得以言詞為之。

撤回上訴

撤回上訴狀

我撤回上訴

我撤回上訴

提起上訴後又撤回，應以言詞或書狀為之

❶撤回上訴應於判決前，向上訴審法院為之，但是該案卷宗送交上訴審法院以前，得向原審法院為之。❷撤回上訴應以書狀為之，但審判期日，得以言詞為之。❸為被告之利益而上訴者，非得被告之同意，不得撤回。

上訴程序

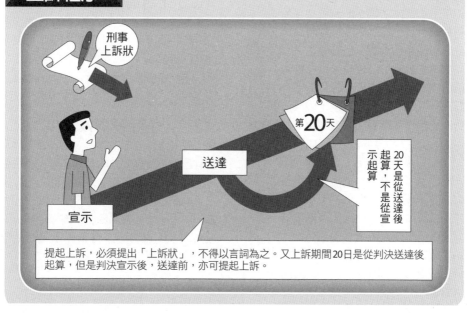

刑事上訴狀

第**20**天

宣示

送達

20天是從送達後起算，不是從宣示起算

提起上訴，必須提出「上訴狀」，不得以言詞為之。又上訴期間20日是從判決送達後起算，但是判決宣示後，送達前，亦可提起上訴。

UNIT 10-3
上訴總論——上訴範圍與效力

（一）上訴的範圍

上訴的範圍為何？依第 348 條第 1 項，首先依照上訴人的意願；其次，應視上訴部分與未上訴部分，是否具有「不可分割的性質」，如有，該部分亦為上訴效力所及，詳述如下：

❶ 上訴人就全部上訴者，全部發生上訴效力。

❷ 上訴人就一部上訴者，原則上僅該部分發生上訴效力：上訴人得僅對於判決的一部提起上訴（§348 I），亦得明示僅就判決之刑、沒收或保安處分一部為之（§348 III）。而舊法§348 I 後段原本規定「未聲明為一部者，視為全部上訴。」現已被刪除，此後，如上訴人已明確表示其上訴範圍，就依其明示的意思辦理，惟如無法確認其上訴範圍為何，法院應該闡明、詢問，令上訴人明確表示其上訴範圍。

❸ 上訴人就一部上訴，效力會及於與該部分具有不可分關係的他部（稱為上訴不可分）：本法第 348 條第 2 項規定，對於判決之一部上訴者，其有關係之部分，視為亦已上訴。但有關係之部分為無罪、免訴或不受理者，不在此限。此處所謂有關係之部分，是指該部分與上訴部分在審判上無從分割，因其一部上訴而全部受其影響之義，詳述其情形如下：

①犯罪事實的認定，會影響科刑、保安處分或者沒收等事項，因此就犯罪事實的認定提起上訴，效力及於刑、保安處分或沒收部分；然而，反面而言，如果僅就科刑、沒收或保安處分上訴者，未必會影響論罪的部分，因此效力不及於犯罪事實認定的部分（§§348 II、348 III）。

②數罪中，執行刑的部分：被告犯數罪，各有其刑期，但法院會合併其刑，訂出一個執行刑，因此對其中一罪上訴，連帶影響執行刑，此部分亦為不可分。

③主刑與從刑不可分：從刑的宣告，首需有主刑存在，其二者為不可分。（應注意，刑法舊法所稱從刑，包含褫奪公權、沒收、追徵、追繳或抵償。而 105 年 7月 1 日修正施行的新刑法，將「沒收、追徵、追繳、抵償」排除於從刑之外，沒收、追徵規定為獨立法律效果，既不屬於從刑，就無上開主刑從刑不可分的適用，因此本法相應地於第 455 條之 27，規定對於本案的判決提起上訴者，其效力及於相關之沒收判決；對於沒收之判決提起上訴者，其效力不及於本案判決。）

④案件具單一性者，上訴一部，效力及於他部，然而，如果該他部為無罪、免訴、不受理者，不受效力所及（§348 II 但書）：此部分另請參考 Unit2-9。

（二）上訴的效力

上訴後，案件發生「移審的效力」與「阻斷判決確定的效力」。前者是指案卷送交上訴審法院時，案件的訴訟繫屬以及訴訟關係從原審移至上訴審法院，後者是指案件尚在救濟中，因此並未確定。

（三）一部上訴的效力

❶ 上訴人僅就一部上訴者，僅該部分以及具有上訴不可分效力的其他部分，發生移審的效力，以及阻斷判決確定的效力，未上訴的部分則判決確定，發生既判力。

❷ 因此上訴審的審判範圍，亦僅限於上訴效力所及的部分，不得審理未上訴的部分，否則違反不告不理原則（§379 ⑫）

上訴的範圍

究竟要上訴一部分，還是全部上訴呢？

上訴的範圍，首先看上訴人如何決定：
❶欲上訴一部者，原則上僅一部發生上訴效力。
❷上訴人未聲明上訴範圍者，法院應闡明，令上訴人明示其上訴範圍。

上訴不可分

下述四種情形，就算上訴人對其中一部上訴，因為其他部分是有關係的部分，因此就像被黏住了一樣，一起發生上訴效力。

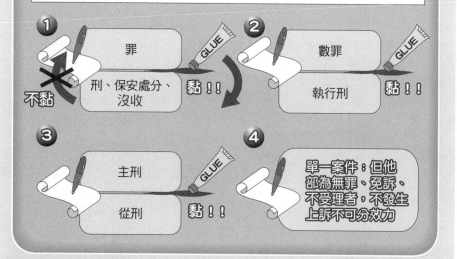

❶ 罪 / 刑、保安處分、沒收　不黏　黏！！

❷ 數罪 / 執行刑　黏！！

❸ 主刑 / 從刑　黏！！

❹ 單一案件：但他部為無罪、免訴、不受理者，不發生上訴不可分效力

上訴的效力

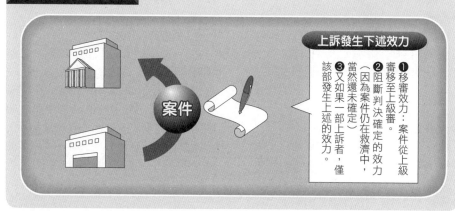

案件

上訴發生下述效力

❶移審效力：案件從上級審移至上級審。
❷阻斷判決確定的效力（因為案件仍在救濟中，當然還未確定）
❸又如果一部上訴者，僅該部發生上述的效力。

197

UNIT 10-4
上訴總論——不利益變更禁止

不利益變更禁止原則是指案件如由被告或為被告利益而上訴者，上訴審法院原則上不得判得比原審來的重，但如果原審判決是因為用了錯誤的法條，而應該被撤銷者，上訴審法院可以判得比較重。不利益變更禁止的目的在於避免被告畏懼上訴。

（一）適用不利益變更禁止的程序

❶第二審上訴

本法第370條第1項規定：「由被告上訴或為被告之利益而上訴者，第二審法院不得諭知較重於原審判決之刑。但因原審判決適用法條不當而撤銷之者，不在此限。」可知上訴第二審的程序有不利益變更禁止原則的適用。

❷第三審上訴

有學說認為，本法第370條的規定，是編列在第三編第二章之「第二審」程序，而第三審章中並無準用第370條的規定，且第370條明文表示「第二審法院不得……」，可知第三審法院並沒有不利益變更禁止原則的適用；但是也有學者表示，不利益變更禁止在於避免被告畏懼上訴，從這個目的出發，第三審應該也要適用。

❸再審

本法第439條規定：「為受判決人之利益聲請再審之案件，諭知有罪之判決者，不得重於原判決所諭知之刑。」因此再審程序有不利益變更禁止原則的適用。

❹非常上訴

依本法第447條第2項的規定：「前項第一款情形，如係誤認為無審判權而不受理，或其他有維持被告審級利益之必要者，得將原判決撤銷，由原審法院依判決前之程序更為審判。但不得諭知較重於原確定判決之刑。」可知非常上訴程序有此原則適用。

❺抗告

抗告程序並無準用第370條的規定，然而最高法院67年第1次刑庭決議認為「為貫徹刑事訴訟法第三百七十條前段保護被告之立法意旨，第二審所定之執行刑或另以裁定所定之執行刑，以不較重於第一審所定之執行刑為宜。」

（二）要件

❶僅「被告上訴或為被告利益上訴」始有不利益變更禁止原則的適用：僅有在被告上訴或者為被告利益上訴，「且」並無檢察官或自訴人為被告不利益上訴時，始有不利益變更禁止原則的適用。至於所稱為被告利益上訴，除係指被告法定代理人、配偶、代理人、辯護人為被告上訴以外，還包括檢察官為被告利益上訴的情形。

❷上訴審法院認為原審判決適用法條不當，而撤銷原判決者，不適用不利益變更禁止原則。而所稱「適用法條不當」，是指原審所適用的刑法法條（總則與分則法條均屬之）適用不當而言。

（三）效力

有不利益變更禁止原則適用時，法院不得諭知較重於原審之刑。所稱「刑」，指宣告刑及數罪併罰所定應執行之刑（§370 II）。又「於第一審或第二審數罪併罰之判決，一部上訴經撤銷後，另以裁定定其應執行之刑時」，所定的執行刑，亦不得重於原審所定的執行刑（§370 III）。

不利益變更禁止之目的

上訴程序之所以採不利益變更禁止原則，是為了避免被告畏懼上訴，否則如果上訴案件，可以毫無限制地改判更重，會大大降低被告上訴的意願。

什麼！
上訴後會被判更重？
乾脆放棄上訴好了。

適用不利益變更禁止的程序

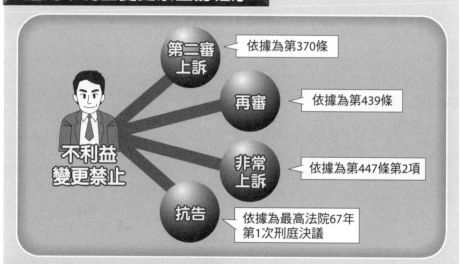

第二審上訴 —— 依據為第370條

再審 —— 依據為第439條

非常上訴 —— 依據為第447條第2項

抗告 —— 依據為最高法院67年第1次刑庭決議

不利益變更禁止

不利益變更禁止的要件

檢察官或自訴人有為被告不利益提起合法上訴

上訴審法院認為原審判決適用法條不當，而撤銷原判決者

這二種情形，
上訴審法官可以判更重

不利益變更禁止，僅於「被告上訴」或「為被告利益而上訴」時始適用。不過，被告一人或被告並未上訴，如果有因檢察官或自訴人為被告利益上訴者，換句話說被告利益的合法上訴，院認為原審上訴或自訴適用法條不當，而撤銷原審法院適用法條不當，均無不利益變更禁止原則之適用。

UNIT **10-5** 第二審上訴

（一）概念

第二審與第一審同為事實審，且採「覆審制」，因此應就案件經上訴的部分，就其事實面與法律面，進行重複且完全的審理。

（二）第二審上訴的程序

❶上訴期間（§349）

①上訴，應自送達判決後20日內為之。

②判決宣示後送達前之上訴，亦有效力。

❷書狀

上訴二審須提出上訴書狀，不得以言詞為之（§350 I）。

❸書狀應記載具體理由

①上訴書狀應敘述具體理由（§361 II）。最高法院認為所謂「具體理由」是指就不服判決的理由為具體的敘述，而非空泛的指述而言。如果上訴理由就其所主張第一審判決有違法或不當的情形，已舉出該案相關的具體事由足為其理由之所憑，就應認為有具備具體理由（最高法院106年度第8次刑事庭決議）。簡單來講，上訴理由不可以只泛稱原判決違法，還要說出原判決哪裡違法，才是具體理由。

②未記載具體理由者，應於上訴期間屆滿後20日內補提理由書於原審法院。逾期未補提者，原審法院應定期間先命補正（§361 III），定期間命補提後，仍不補提者，原審法院應裁定駁回其上訴（§362）。

（三）原審法院對上訴案件的處理

❶上訴不合法者，裁定駁回

原審法院認為上訴不合法律上的程序（如：未以上訴書狀為之、上訴逾期、上訴未附具體理由、原審尚未宣示判決等），或法律上不應准許（如無上訴權人提起上訴、無上訴利益的上訴等），或其上訴權已經喪失者（指捨棄上訴權或撤回上訴者），應以裁定駁回之。但其不合法律上的程序可補正者，應定期間先命補正（§362）。

❷上訴合法者，卷宗證物送交第二審（§363 I）

（四）二審法院對上訴案件的處理

❶審理

第二審法院的審理，除有特別規定者外，準用一審審判程序（§364）。第二審的特別規定如下：

①上訴人應陳述上訴要旨（§365）。

②二審法院應就上訴的部分為調查（§366）。

③被告合法傳喚，無正當的理由不到庭者，得不待其陳述，逕行判決（§371）。此稱為一造缺席判決。

❷判決

①上訴不合法，判決駁回：第二審法院認為上訴書狀未敘述理由或上訴有第三百六十二條前段的情形者，應以判決駁回之。但其情形可以補正而未經原審法院命其補正者，審判長應定期間先命補正（§367）。

②上訴無理由，判決駁回（§368條）。

③上訴有理由，撤銷原判決，自為判決或發回原法院（§369）。

第二審的性質

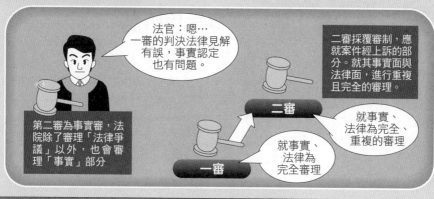

法官：嗯…一審的判決法律見解有誤，事實認定也有問題。

二審採覆審制，應就案件經上訴的部分。就其事實面與法律面，進行重複且完全的審理。

第二審為事實審，法院除了審理「法律爭議」以外，也會審理「事實」部分

二審

就事實、法律為完全、重複的審理

就事實、法律為完全審理

一審

第二審上訴書狀應記載具體理由

上訴二審，除了應提出上訴書狀以外，還需有上訴的具體理由，以下舉出一例，簡單說明上訴「無」具體理由、上訴「有」具體理由的情形（但應注意，實務上在撰寫上訴理由狀時，所遭遇的情形往往比此一假設案例複雜，所需附具的具體理由也更為複雜。

（無具體理由）

刑事上訴狀

原審案號：
原審股別：
上訴人：

一、為上訴人加重竊盜案件，就原審全部範圍提起上訴。
二、理由是，原判決諸多違法，事實認定有誤，又判太重。

刑事上訴狀

原審案號：
原審股別：
上訴人：

一、為上訴人加重竊盜案件，就原審全部範圍提起上訴。
二、理由：
（一）原判決誤以為上訴人已著手，實際上依……，再者，依證人……，又根據現場監視器……
（二）原判決對「兇器」的解釋，違背本罪的立法意旨，再者……，又依……
（三）而關於共同正犯之共同行為決意要件而言，上訴人並無……，又查……
（四）最後，上訴人素行良好，並無前科，而……，又……，請量處輕刑。

（有具體理由）

一、二審法院對上訴案件的處理

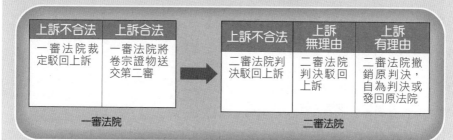

上訴不合法	上訴合法	上訴不合法	上訴無理由	上訴有理由
一審法院裁定駁回上訴	一審法院將卷宗證物送交第二審	二審法院判決駁回上訴	二審法院判決駁回上訴	二審法院撤銷原判決，自為判決或發回原法院
一審法院		二審法院		

UNIT **10-6**
第三審上訴——概念與限制

圖解刑事訴訟法

（一）概念

第三審上訴由最高法院管轄，為審級救濟的最終審，其制度構造上，屬於「法律審」，因此第三審法院僅就上訴案件審查其法律適用有無違誤，重在法律的統一解釋適用，原則上不重新認定事實、或審查原判決的事實認定有無違誤。

（二）不得上訴第三審的案件

❶並非所有案件均得上訴第三審，本法第 376 條第 1 項規定，下述案件原則上不得上訴第三審，例外得上訴：

①最重本刑為三年以下有期徒刑、拘役或專科罰金之罪：所稱「本刑」，是指法定刑而言，但如有因刑法加重事由而加重其刑者，須區分是因為刑法分則條文而加重或刑法總則條文而加重：如果因刑法分則規定加重致超過三年者（例如刑法第 134 條），得上訴第三審；如因刑法總則加重者（如刑法第 47 條），則不得上訴第三審；②刑法第 277 條第 1 項之傷害罪；③刑法第 320 條、第 321 條之竊盜罪；④刑法第 335 條、第 336 條第 2 項之侵占罪；⑤刑法第 339 條、第 341 條之詐欺罪；⑥刑法第 342 條之背信罪；⑦刑法第 346 條之恐嚇罪；⑧刑法第 349 條第 1 項之贓物罪；⑨毒品危害防制條例第 10 條第 1 項之施用第一級毒品罪、第 11 條第 4 項之持有第二級毒品純質淨重 20 公克以上」罪。

❷上述案件，如果被告在第一審無罪、免訴或不受理……等，在第二審才被改判有罪（二審初獲有罪判決）在第 376 條修法前，是無法上訴第三審的，形同被告沒有救濟的機會。因此大法官釋字第 752 號認為如此對被告訴訟權保障不周。立法院依大法官的意旨（其實比大法官放寬的範圍廣），修正了第 376 條，認為：第 376 條第 1 項各款案件，如果在第一審被判決無罪、免訴、不受理或管轄錯誤，第二審才改判有罪，例外得提起第三審上訴（§376 I 但書）。但是經第三審法院撤銷並發回原審法院或發交其他第二審法院判決者，不得上訴於第三審法院（§376 II）。

❸案件起訴後，在審理中曾變更罪名者，例如：起訴殺人罪（10 年以上），二審判決過失致死罪（2 年以下），則應以何罪名為準？大法官認為，應以「當事人有無在第二審辯論終結前爭執其罪名」為準，如有人主張其屬於得上訴第三審的重罪，就可上訴第三審（釋字第 60 號）。

❹單一案件，一部可上訴，他部屬於第 376 條第 1 項不得上訴的案件，則因上訴不可分原則（§348 II），全部可上訴第三審。

（三）刑事妥速審判法的限制

為保障被告接受迅速審判的權利，刑事妥速審判法設有諸多避免訴訟拖延的規定，其中第 8 條為：「案件自第一審繫屬日起已逾六年且經最高法院第三次以上發回後，第二審法院更審維持第一審所為無罪判決，或其所為無罪之更審判決，如於更審前曾經同審級法院為二次以上無罪判決者，不得上訴於最高法院。」（例如：蘇建和案纏訟二十年，最終適用本條而無罪確定。）

第三審的性質

第三審原則上不認定事實，僅就法律適用而為審理（但有少數例外，稍後再談）。舉個實際案例幫助理解：

三審法院

嗯，這個被告究竟是犯「竊盜」或「搶奪」罪呢？

上訴的案件

本件經二審法院認定「被告甲在銀樓趁店員轉身時，拿起金項鏈就跑」

本件上訴，三審法院不再就「甲有沒有在銀樓將金飾拿了就跑」一事重新認定，直接以二審的認定為準；三審法院在本案中，僅需認定甲的上開行為，在法律上究竟是犯了竊盜罪或搶奪罪；這就是法律審的特色。

不得上訴第三審的案件

最重三年以下

毒品條例 §10 I、§11 IV

傷害（刑法§277 I）

臟物（刑法§349 I）

竊盜（刑法§§320、321）

恐嚇（刑法§346）

原則上不得上訴三審

侵占（刑法§§335、336 II）

背信（刑法§342）

詐欺（刑法§§339、341）

例外得上訴三審

左列案件，如果是在第二審才初獲「有罪判決」者，仍然可以提起第三審上訴（ps.但如果是在第三審法院撤銷原判，發回第二審的情形，就不能再上訴第三審了）

刑事妥速審判法的限制

刑事妥速審判法第8條設有限制：

自第一審繫屬日起已逾六年

＋

經最高法院第三次以上發回

＋

第二審法院更審維持第一審所為無罪判決，或其所為無罪之更審判決，如於更審前曾經同審級法院為二次以上無罪判決

不得上訴三審

UNIT 10-7
第三審上訴——上訴理由

上訴第三審必須要有上訴理由，而上訴理由大別為二類：「判決違背法令」、「原審判決後，刑罰有廢止、變更或免除者」，以下分述之：

（一）判決違背法令

❶ 廣義判決違背法令

上訴於第三審法院，必須以判決違背法令為理由（§377），所稱判決違背法令，是指判決不適用法則或適用不當者而言，本條所稱違背法令，為「廣義判決違背法令」。如將其判決違法情形，以對「判決結果」的影響程度作為區分標準，又可分成「狹義判決違背法令」與「訴訟程序違背法令」：

①狹義判決違法：原判決違法而足以直接影響判決結果者，為狹義判決違背法令，得上訴第三審。

②訴訟程序違法：訴訟程序違法，是指原判決雖然違背法令，然而尚不影響於判決結果者。此種違法如顯然於判決無影響，不得上訴第三審（§380）。

❷ 判決當然違背法令

立法者將某些較為嚴重的判決違法情形，不區分其為狹義的判決違法，或是訴訟程序違法，認為一概得上訴第三審，此稱為判決當然違背法令（§379），各別事由如下：

①法院之組織不合法者。

②依法律或裁判應迴避之法官參與審判者。

③禁止審判公開非依法律之規定者。

④法院所認管轄之有無係不當者。

⑤法院受理訴訟或不受理訴訟係不當者。

⑥除有特別規定外，被告未於審判期日到庭而逕行審判者。

⑦依本法應用辯護人之案件或已經指定辯護人之案件，辯護人未經到庭辯護而逕行審判者。

⑧除有特別規定外，未經檢察官或自訴人到庭陳述而為審判者。

⑨依本法應停止或更新審判而未經停止或更新者。

⑩依本法應於審判期日調查之證據而未予調查者。

⑪未與被告以最後陳述之機會者。

⑫除本法有特別規定外，已受請求之事項未予判決，或未受請求之事項予以判決者。

⑬未經參與審理之法官參與判決者。

⑭判決不載理由或所載理由矛盾者。

（二）原審判決後，刑罰有廢止、變更或免除者，得為上訴的理由（§381）

此種情形雖不是判決違法，但是既然已修法改變刑罰，應予上訴三審的機會。

🔵 小博士解說

刑事妥速審判法的限縮

為避免損及被告接受迅速審判的權利，刑事妥速審判法第9條第1項規定：「除前條情形外，第二審法院維持第一審所為無罪判決，提起上訴之理由，以下列事項為限：一、判決所適用之法令牴觸憲法。二、判決違背司法院解釋。三、判決違背判例。」亦即，被告連續被一審、二審判決無罪者，上訴三審的理由只能以此三款為限，不適用刑事訴訟法第377條至第379條、第393條第1款規定。

第三審上訴理由

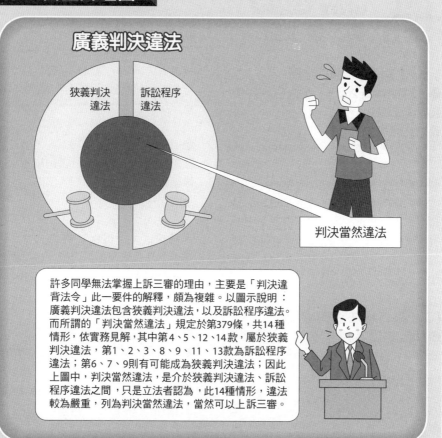

廣義判決違法

狹義判決違法

訴訟程序違法

判決當然違法

許多同學無法掌握上訴三審的理由，主要是「判決違背法令」此一要件的解釋，頗為複雜。以圖示說明：廣義判決違法包含狹義判決違法，以及訴訟程序違法。而所謂的「判決當然違法」規定於第379條，共14種情形，依實務見解，其中第4、5、12、14款，屬於狹義判決違法，第1、2、3、8、9、11、13款為訴訟程序違法；第6、7、9則有可能成為狹義判決違法；因此上圖中，判決當然違法，是介於狹義判決違法、訴訟程序違法之間，只是立法者認為，此14種情形，違法較為嚴重，列為判決當然違法，當然可以上訴三審。

刑事妥速審判法的規定

刑事妥速審判法對刑事訴訟法第377～379條做了限縮：

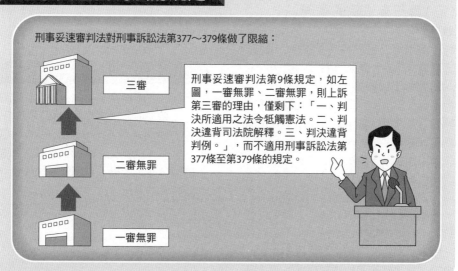

三審

二審無罪

一審無罪

刑事妥速審判法第9條規定，如左圖，一審無罪、二審無罪，則上訴第三審的理由，僅剩下：「一、判決所適用之法令牴觸憲法。二、判決違背司法院解釋。三、判決違背判例。」，而不適用刑事訴訟法第377條至第379條的規定。

UNIT **10-8**
第三審上訴──上訴程序與審判

（一）上訴第三審的程序

❶上訴期間為20日，自送達判決後起算（§349）。

❷上訴書狀

①上訴應以書狀為之（§350）。

②上訴應載明上訴理由，沒有載明者，得於提起上訴後20日內補提理由書於原審法院；沒有補提者，毋庸命其補提（§382I），第三審法院應駁回其上訴（§395）。至於最後可以補提理由書的時點，依第395條的規定，應是在「第三審法院判決前」。

（二）第二審法院的處理

❶原審法院認為上訴不合法律上之程序或法律上不應准許或其上訴權已經喪失者，應以裁定駁回之，但其不合法可以補正者，應定期先命補正，不可直接駁回（§384）。

❷上訴合法者，原審法院將卷證送交第三審法院檢察官（§385I）。

（三）第三審法院的審理

❶第三審審判程序，除本章有特別規定外，準用第一審程序（§387）。而第三審為法律審，調查及審理的範圍以上訴理由所不服的事項為限（§393），但是有下述事項，第三審法院得依職權調查（亦即可以超出上訴理由不服事項而進行調查之意）：

①第379條各款所列之情形。

②免訴事由之有無。

③對於確定事實援用法令之當否。

④原審判決後刑罰之廢止、變更或免除。

⑤原審判決後之赦免或被告死亡。

❷第三審法院除關於訴訟程序及得依職權調查之事項，得調查事實以外，不自行調查實體事實，也不自行認定事實，應以第二審判決所確認之事實為判決基礎（§394I）。

❸第三審以書面審理為原則，例外得於法院認為有必要時，行言詞辯論程序，辯論程序並應以具律師資格的代理人或辯護人進行（§389）。

❹上訴人及他造當事人，在第三審法院未判決前，得提出上訴理由書、答辯書、意見書或追加理由書於第三審法院（§386I）。

（四）第三審法院的判決

❶上訴不合法，判決駁回（§395）。

❷上訴無理由，判決駁回（§396），但法院得同時諭知緩刑。

❸上訴有理由，撤銷原判（§397），並分別為下述判決：

①自為判決（§398）。

②發回更審（§399）。

③發交審判（§400）。

④除有上述三種情形外，應發回更審或發交審判（§401）。

小博士解說

最高法院審理案件，向來以書面審理居多，甚少進行言詞辯論程序，該院於101年12月起，決定對於二審宣告死刑的案件，以及具有法律上重要意義或價值的案件，一律行言詞辯論，關於死刑辯論，一般稱之為「生死辯」。

第三審上訴的程序

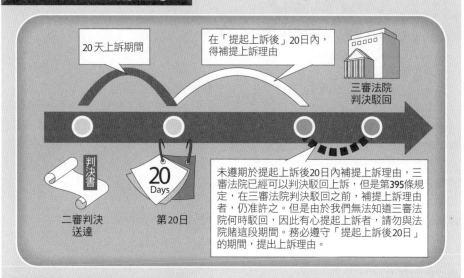

20天上訴期間

在「提起上訴後」20日內，得補提上訴理由

三審法院判決駁回

判決書

20 Days

二審判決送達

第20日

未遵期於提起上訴後20日內補提上訴理由，三審法院已經可以判決駁回上訴，但是第395條規定，在三審法院判決駁回之前，補提上訴理由者，仍准許之。但是由於我們無法知道三審法院何時駁回，因此有心提起上訴者，請勿與法院賭這段期間。務必遵守「提起上訴後20日」的期間，提出上訴理由。

第三審上訴的審理

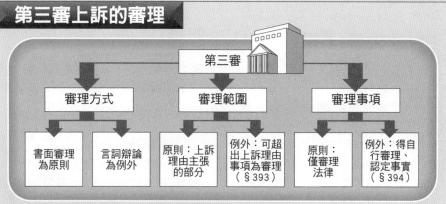

第三審

審理方式	審理範圍	審理事項
書面審理為原則	言詞辯論為例外	原則：上訴理由主張的部分
例外：可超出上訴理由事項為審理（§393） | 原則：僅審理法律 | 例外：得自行審理、認定事實（§394） |

第二審、第三審的處理、裁判

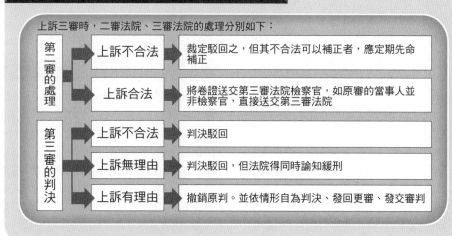

上訴三審時，二審法院、三審法院的處理分別如下：

第二審的處理	上訴不合法	裁定駁回之，但其不合法可以補正者，應定期先命補正
	上訴合法	將卷證送交第三審法院檢察官，如原審的當事人並非檢察官，直接送交第三審法院
第三審的判決	上訴不合法	判決駁回
	上訴無理由	判決駁回，但法院得同時諭知緩刑
	上訴有理由	撤銷原判。並依情形自為判決、發回更審、發交審判

UNIT **10-9**
抗告、準抗告

（一）抗告

對地方法院裁定不服，向高等法院救濟，或者對高等法院裁定不服，向最高法院救濟者，稱為抗告。若對地方法院裁定不服，抗告到高等法院，又對高等法院的裁定再度不服，而向最高法院救濟者，稱為再抗告。又抗告除有特別規定，準用上訴的規定（§419）。

❶抗告權人（§403）

當事人或其他非當事人而受裁定者，得抗告。

❷抗告的程序

①抗告期間為 10 日（§406），又開始再審的裁定，抗告期間僅 3 日（§435）。

②抗告應以書狀為之（§407）。

❸不得抗告的裁定

①判決前關於管轄或訴訟程序之裁定，不得抗告，但下述裁定，例外可提起（§404）：Ａ有得抗告之明文規定者；Ｂ關於羈押、具保、責付、限制住居、限制出境、限制出海、搜索、扣押或扣押物發還、變價、擔保金、身體檢查、通訊監察、因鑑定將被告送入醫院或其他處所之裁定及依第 105 條第 3 項、第 4 項所為之禁止或扣押之裁定；Ｃ對於限制辯護人與被告接見或互通書信之裁定。

②不得上訴於第三審法院之案件，其第二審法院所為裁定，不得抗告（§405）。最高法院 110 年台抗大字第 427、1493 號裁定，認為 §376 Ⅰ 但書的案件，可以上訴三審，因此其第二審法院的裁定，可抗告到第三審法院一次。

③第三審法院所為之裁定。

④法院就準抗告聲請所為之裁定（§418 Ⅰ）。

⑤附帶民事訴訟移送民庭之裁定。

❹原審法院的處理

①認為抗告不合法者，應以裁定駁回之，但其不合法律上之程序可補正者，應先命補正（§408 Ⅰ）；②認為抗告有理由者，應更正其裁定（§408 Ⅱ）；③認為全部或一部無理由者，送交上級法院（§408 Ⅱ）。

❺抗告法院的審理

①抗告不合法、無理由者，裁定駁回（§§411、412）；②認為有理由者，撤銷原裁定，於有必要時，並自為裁定（§413）。

❻抗告無停止執行裁判的效力，但法院得裁量是否停止（§409）

❼再抗告

再抗告原則不得提起，例外於第 415 條第 1 項但書 5 種情形得提起。

（二）準抗告

對於審判長、受命法官、受託法官或檢察官所為的特定處分，聲請所屬法院撤銷或變更之，稱之為準抗告。所謂特定處分，係指第 416 條第 1 項之各種處分。又準抗告期間為 10 日，其程序原則上準用抗告程序（§416 Ⅲ、Ⅳ）。

🙂小博士解說

程序誤用的處理

❶法院應做成裁定，卻誤做成判決：如果此案件經上訴到上級法院，以其原本應進行的程序─抗告，來審理。

❷對於裁定應該提起抗告救濟，而誤提起準抗告時，視為已提抗告；應提起準抗告而誤為抗告者，視為已為準抗告（§418 Ⅱ）。

不得抗告的裁定

不得抗告
的裁定

→ 判決前關於管轄或訴訟程序的裁定

→ 不得上訴於第三審法院之案件,其第二審法院所為裁定,不得抗告

→ 第三審法院所為之裁定,不得抗告

→ 法院就準抗告聲請所為之裁定,不得抗告

→ 附帶民事訴訟移送民庭之裁定,不得抗告

原則上不得抗告 → 有得抗告的明文規定者

例外得抗告者 →

關於羈押、具保、責付、限制住居、限制出境、限制出海、搜索、扣押或扣押物發還、變價、擔保金、身體檢查、通訊監察、因鑑定將被告送入醫院或其他處所之裁定及依第105條第3項、第4項所為之禁止或扣押之裁定。

→ 對於限制辯護人與被告接見或互通書信之裁定。

抗告的程序

要寫抗告書狀

合法的抗告權人

要記得在裁定送達後10日內提起

10 Days

抗告需具備下述三個程式要件,始為合法:❶抗告權人提起;❷遵守抗告期間;❸以書狀為之。

準抗告

聲明不服的處分,其種類如下:
一、關於羈押、具保、責付、限制住居、限制出境、限制出海、搜索、扣押或扣押物發還、變價、擔保金、因鑑定將被告送入醫院或其他處所之處分、身體檢查、通訊監察及第105條第3項、第4項所為之禁止或扣押之處分。二、對於證人、鑑定人或通譯科罰鍰之處分。三、對於限制辯護人與被告接見或互通書信之處分。四、對於第34條第3項指定之處分。又上開搜索、扣押經撤銷者,審判時法院得宣告所扣得之物,不得作為證據。

須在10日內聲請(未送達者從處分日起算、送達者從送達後起算）

10 Days

須以書狀為之

「受處分人」有權聲請

對於審判長、受命法官、受託法官或檢察官所為之處分,一定要所屬法院撤銷或變更,聲明不服,並請此一程序稱為「準抗告」。其要件及程序如下:

第11章 非常救濟程序

UNIT **11-1**
非常救濟──回復原狀及再審概論

裁判確定後（一般稱定讞），原則上不容許再對該案爭執，以維護法和平性，然而裁判如有重大的錯誤，一概不容許爭執，難免有損正義。因此本法設有再審（針對事實認定錯誤）、非常上訴（針對法律適用錯誤），以及回復原狀（遲誤法定期間的救濟）等三種非常救濟程序。

（一）回復原狀

本法規定，五種設有法定期間的救濟程序（❶上訴；❷抗告；❸聲請再審；❹準抗告；❺再議），救濟權人一旦逾期即失其救濟權，然而如非因救濟權人自己，或其代理人、辯護人的過失，而遲誤期間者，得於遲誤原因消滅後十日內聲請回復原狀（§67）。聲請回復原狀者，應以書狀寫明遲誤的原因及消滅時期，向原審法院（前述第❶～❸類）、管轄該聲請之法院（第❹類）及原檢察官（第❺類）提起之，並應同時補行該救濟的法定程序（§68）。

（二）再審

再審程序在於救濟認定事實錯誤的確定判決，本法設有「為受判決人之利益」及「為受判決人之不利益」二種再審。

❶再審的對象：確定判決

對確定的判決得提起再審；裁定則否。本法規定得提起再審的判決有：有罪、無罪、免訴或不受理判決（§§420～422）。

❷聲請再審的主體

①為受判決人之利益聲請再審者（§427）：

Ⓐ管轄法院的檢察官。

Ⓑ受判決人。

Ⓒ受判決人的法定代理人或配偶。

Ⓓ受判決人已死亡者，其配偶、直系血親、三親等內之旁系血親、二親等內之姻親或家長、家屬。

②為受判決人之不利益聲請再審者（§428）：

Ⓐ管轄法院之檢察官。

Ⓑ自訴人。

Ⓒ自訴人已喪失行為能力或死亡者，得由第 319 條第 1 項所列得為提起自訴之人提起再審。

❸聲請再審的程序

①管轄法院：聲請再審，由判決之原審法院管轄（§426 I）。但有例外（§426 II、III）。

②再審期間：再審原則上無期間限制（§423）；但依第 421 條事由以重要證據漏未審酌而提起再審者，有二十日再審期間之限制（§424）；如係為受判決人不利益聲請者，經過刑法追訴權時效二分之一者，則不得提起再審（§425）。

③再審書狀：聲請再審應提出再審書狀，並敘述理由（§429）。

😊 小博士解說

書記官在得上訴的案件判決書上誤記「不得上訴」，導致當事人誤信而遲誤上訴期間，最高法院認為當事人自己仍有過失，而不得聲請回復原狀（76 台抗 456 裁定）。

非常救濟概論

通常救濟 ← 確定 → 非常救濟

對於裁判或者不起訴處分，在確定前，是透過「通常救濟程序」（例如上訴、再議）聲明不服；在確定後，只能在甚為嚴格的要件下，透過「非常救濟程序」（包括：再審、非常上訴、回復原狀）聲明不服。

回復原狀

發生不可歸責的阻礙

處分或裁判送達 ← 救濟期間 → 期間末日

回復原狀，是針對於「非因過失遲誤救濟期間」（例如山崩、颱風等天災）而提起的非常救濟程序，目的便是使救濟權人得以補救此種「不可怪罪於救濟權人」或其代理人、辯護人」的「遲誤期間」；因此，如是救濟權人自己疏忽救濟期間，便不得聲請回復原狀。

再審權人、再審程序

再審的對象	確定判決。	
聲請權人	為受判決人利益再審	檢察官、受判決人（或其法代或配偶）、受判決人已死亡時之特定親屬（§427）。
	為受判決不利益再審	檢察官、自訴人、自訴人已喪失行為能力或死亡時之特定親屬（§428）。
管轄法院	原則上為判決之原審法院管轄，但有例外（§426）。	
再審期間	原則上無期間限制，但依第421條規定聲請再審，期間為20日；又為受判決人不利益聲請者，有第425條期間之限制。	
再審書狀	聲請再審應提出再審書狀，並敘述理由。	

UNIT **11-2**
非常救濟——再審（一）

提起再審必須具有再審事由，本法就有利被告與不利益於被告的再審，分別規定其聲請再審的事由（§§420～422）：

（一）為受判決人的利益聲請再審

有利被告再審共有七種事由，規定於第420條及第421條，第421條僅適用於「依第376條不得上訴三審的案件」，第420條則適用於所有案件：

❶不得上訴於第三審法院的案件，其經第二審確定的有罪判決，如就足生影響於判決的重要證據漏未審酌者，亦得為受判決人的利益，聲請再審（§421）

本條所稱「足生影響於判決」是指該證據足以影響、變更判決的結果而言；所稱「漏未審酌」是指該證據於判決前已提出，但漏未審酌者。

❷原判決所憑之證物已證明其為偽造或變造者（§420 I ①）

原判決所採納的證物是偽造或變造的，我們當然可以認為該判決認定事實有誤，但是應注意，本款所稱「已證明其為偽造或變造」，是指偽造或變造證物之人已經被判決確定，或其刑事訴訟不能開始或續行非因證據不足者（例如：被告死亡、追訴時效已完成而受不起訴處分等），才可以聲請再審（§420 II）。

❸原判決所憑的證言、鑑定或通譯已證明其為虛偽者（§420 I ②）

本款事由是指證人、鑑定人或通譯所做的虛偽陳述已經在另案程序判決確定，或刑事程序不能開始或續行非因證據不足者，才能聲請再審（§420 II）。

❹受有罪判決之人，已證明其係被誣告者（§420 I ③）

本事由所稱誣告罪，是指該誣告別人者，已受判決確定，或刑事程序不能開始或續行非因證據不足者，才能聲請再審（§420 II）。

❺原判決所採納的通常法院或特別法院的裁判已經確定裁判變更者（§420 I ④）

原判決若引用、參考其他法院的裁判，該他法院裁判又經變更而不復維持，自得聲請再審。

❻參與原判決或前審判決或判決前所行調查之法官，或參與偵查或起訴的檢察官，或參與調查犯罪的檢察事務官、司法警察官或司法警察，因該案件犯職務上之罪已經證明者，或因該案件違法失職已受懲戒處分，足以影響原判決者（§420 I ⑤）

本款事由於104年2月修正，增列「或參與調查犯罪之檢察事務官、司法警察官或司法警察」之文字，明文將上開偵查輔助機關的違法失職行為納入再審事由。

❼因發現新事實或新證據，單獨或與先前之證據綜合判斷，足認受有罪判決之人應受無罪、免訴、免刑或輕於原判決所認罪名的判決（§420 I ⑥）。

此處所謂「應受…免刑…的判決」，是指法律規定「免除其刑」或「減輕或免除其刑」者而言（憲法法庭112憲判2號），其餘參照Unit11-3專題研究。

再審事由──有利被告的再審

事由1

不得上訴於第三審法院的案件，其經第二審確定的有罪判決，如就足生影響於判決的重要證據漏未審酌者

（此一事由，僅適用於不得上訴三審的案件）

事由2

原判決所憑之證物已證明其為偽造或變造者

假的！！

事由3

原判決所憑之證言、鑑定或通譯已證明其為虛偽者

證人甲

證人甲觸犯偽證罪

事由4

受有罪判決之人，已證明其係被誣告者

乙觸犯誣告罪

事由5

原判決所憑之通常法院或特別法院之裁判已經確定裁判變更者

判決

原判決所憑的裁判被撤銷

判決

事由6

參與原判決或前審判決或判決前所行調查之法官，或參與偵查或起訴之檢察官，或參與調查犯罪之檢察事務官、司法警察官或司法警察，因該案件犯職務上之罪已經證明者，或因該案件違法失職已受懲戒處分，足以影響原判決者

事由7

因發現新事實或新證據，單獨或與先前之證據綜合判斷，足認受有罪判決之人應受無罪、免訴、免刑或輕於原判決所認罪名之判決（詳見Unit11-3）

UNIT **11-3**
非常救濟──再審（二）

（二）專題研究：「第420條第1項第6款之再審事由」

❶修法前（舊法）

在104年2月4日修正前，本款規定「因發現確實之新證據……」得提起再審。依最高法院的見解，本條款所指「新證據」，必須具備「嶄新性」、「顯著性」：

①嶄新性：所稱發現新證據，是指該證據於判決當時已存在，因未發現而未加以審酌，其後始行發現者而言（28年抗字第8號判例，此判例在修法後已不再援用）。

②顯著性：49年台抗字第72號判例認為，本款所稱「確實」的新證據，是指該證據必須可認為確實足以動搖原確定判決者為限。（注意，本判例在修法後已不再援用）

❷修法後（現行法）

修法後，第420條第1項第6款規定，判決確定後發現新事實或新證據，從該事實或證據本身單獨研判，或者與其他證據綜合研判，足以認為有罪之人應該受無罪、免訴、免刑的判決，或應受較輕判決者，可以提起再審。而所稱新事實或新證據，是指判決確定前已存在，以及判決確定後才存在的事實、證據而言（同條第3項）。自此，可以據以提起再審的「新證據」，不再限於判決前存在證據，修法結果一舉改變長久以來的法院實務見解。

（三）不利益於被告的再審事由

被告受有罪、無罪、免訴或不受理的判決確定後，有下列情形之一者，可以為受判決人的不利益，得聲請再審（§422）。

❶有第420條第1項第1、2、4、5款情形者

亦即有虛偽證物、證詞，判決所依據的裁判已變更、刑事程序偵查或審判的公務員有違法失職情形者，導致被告未受到應有的刑罰者，可提起再審（參照Unit11-2）。

❷受無罪判決或獲判較輕之刑的被告，在訴訟上或訴訟外自白，或發見確實之新證據，足以認為其有罪或者應受較重之刑者。

❸受免訴或不受理判決的被告，在訴訟上或訴訟外自述，或發現確實之新證據，足以認為其並無免訴或不受理之原因者。

（四）再審的效力與審理程序

❶聲請再審，得委任律師為代理人，人數至多為3人（§429-1 I、II）。

❷被告及辯護人得依照第33條規定的方式，行使閱卷權（§429-1 III）。

❸聲請再審之案件，除顯無必要者外，應通知聲請人及其代理人到場，並聽取檢察官及受判決人之意見。但無正當理由不到場，或陳明不願到場者，不在此限。

❹聲請再審得同時釋明其事由聲請調查證據，法院認有必要者，應為調查。法院為查明再審之聲請有無理由，得依職權調查證據（§429-3）。

❺聲請再審原則上無停止刑罰執行的效力（§430），並得在判決前撤回再審，撤回者不得就同一原因提起再審（§§431、432）。

❻法院審理再審案件，如認為再審不合法、無理由者，應以裁定駁回；認為有理由者，裁定開始再審，並進入重新的審判程序（§§433～436）。

❼其他程序：見第437條至第440條。

再審事由——發現新事實、新證據

第420條第1項第6款修正前後的重大改變：

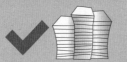 

| 法院未審酌的證據 | 法院未審酌的證據 |

修正前

最後事實審
法院判決

本條修正前，實務見解認為，新證據是指「最後事實審法院判決前已存在」而未審酌的證據而言。判決後才出現的證據則否。

| 法院未審酌的證據 | 法院未審酌的證據 |

修正後

最後事實審
法院判決

本條修正後，不論新證據是存在於最後事實審判決前或之後，都是新證據。

再審事由——不利被告的再審

不利被告的再審

有第420條第1項第1、2、4、5款情形者

被告在訴訟上或訴訟外自白，或發見確實之新證據，足以認為其有罪或者應受較重之刑者。

被告在訴訟上或訴訟外自述，或發現確實之新證據，足以認為其並無免訴或不受理之原因者。

UNIT **11-4**
非常救濟——非常上訴的概念

(一)非常上訴的概念

非常上訴在於救濟「法律適用錯誤」的確定裁判，與再審在於救濟「事實認定錯誤」不同。

(二)非常上訴的目的

非常上訴的目的，學者間有不同理論，以下三說為較常被論及者，我國刑事訴訟法則是採「折衷說」：

❶統一解釋說

此說認為，非常上訴的目的僅在於透過糾正下級法院的法律適用錯誤，達到統一法律解釋的目的。至於統一解釋的結果對被告是否有利，並非所問，依此說，非常上訴的效力不及於被告。

❷保護被告說

此說認為非常上訴的目的在於保護被告，原判決對被告不利者始得提起非常上訴，也因此，非常上訴的效力應及於被告。

❸折衷說（我國採之）

折衷說認為，非常上訴的目的兼具統一法律解釋與保護被告權利，我國刑事訴訟法採之。從本法第 447 條第 1 項第 1 款「判決違背法令者，將其違背之部分撤銷……」、第 2 款「訴訟程序違背法令者，撤銷其程序。」可知非常上訴具有統一法律解釋的功能；從同條第 1 項第 1 款後段「但原判決不利於被告者，應就該案件另行判決。」可知原判決不利被告者，效力及於被告（另外，同條第 2 項效力亦及於被告）。

(三)非常上訴的對象

❶確定判決

確定判決，不論是有罪、無罪、免訴、不受理、管轄錯誤判決，均得為非常上訴的對象。

❷確定的實體裁定

裁定以其是否涉及被告實體法上權利義務關係，可分為程序裁定與實體裁定：

①程序裁定不得為非常上訴對象

程序裁定僅針對程序上事項，不具有實體確定力，不得為非常上訴的對象。例如駁回上訴的裁定、駁回自訴、駁回再審的裁定等（§§362、384、326 III、433、434）。

②實體裁定得為非常上訴對象

實體裁定，例如更定其刑、定執行刑的裁定（§477）、撤銷緩刑宣告裁定（§476）等，具有實體確定力，故得為非常上訴對象。

(四)非常上訴的程序

❶管轄法院

非常上訴程序由最高法院管轄（§443）。

❷得提起非常上訴之人

最高檢察署檢察總長為唯一得提起非常上訴之人（§441）；而檢察官如發現裁判違背法令者，不得直接提起非常上訴，僅能將意見書及該案卷宗、證物送交檢察總長，聲請提起非常上訴（§442）。

❸書狀

提起非常上訴，應提出書狀，並記載理由。

非常上訴的目的

非常上訴制度的目的，有三種學說：統一解釋說、保護被告說、折衷說，我國法採「採衷說」。

統一解釋說

糾正下級法院見解

保護被告說

非常上訴的目的在保護被告

折衷說

我國刑事訴訟法融合上述二說的特色。第447條第1項第1款前段、第2款有「統一解釋說」色彩；第1款後段、第2項為「保護被告說」

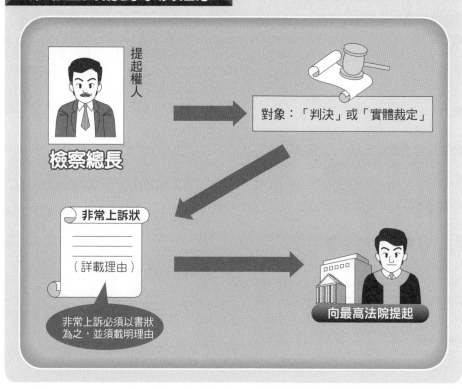

非常上訴的對象及程序

提起權人

檢察總長

對象：「判決」或「實體裁定」

非常上訴狀

＿＿＿＿＿
＿＿＿＿＿
（詳載理由）

非常上訴必須以書狀為之，並須載明理由

向最高法院提起

UNIT 11-5
非常救濟──非常上訴的要件

提起非常上訴，必須具備「非常上訴的原因」，以及「非常上訴的必要」，缺一不可。前者為本法所明文規定，後者為最高法院所創設，以下分述之：

（一）非常上訴的原因

非常上訴的唯一原因為「審判違背法令」（§441），其意義同於上訴三審要件的「判決違背法令」，是指判決適用法令不當（用錯了），或應適用某法令卻不適用（該用而不用）者而言（參考§378）。本法對於非常上訴的要件規定，原本僅限於判決違背法令，並無如同「第三審上訴」章中，另外對判決違背法令設有第 380 條的限制（亦即認為訴訟程序違法，而顯然於判決無影響者，不得上訴三審），然而如此一來，提起非常上訴的要件，將會比上訴三審要件寬鬆，因此最高法院透過一系列判決及決議，將上訴三審的限制，運用到非常上訴的「要件當中」，限縮結果如下：

❶狹義判決違背法令

得提起非常上訴。

❷訴訟程序違背法令

訴訟程序違背法令，如顯然不會影響判決者，不得提起非常上訴，如有影響於判決，則可提起非常上訴。

（二）非常上訴的必要

最高法院 97 年第 4 次刑庭決議認為，刑事訴訟法第 441 條規定「……最高法院檢察署檢察總長「得」向最高法院提起非常上訴」，並非規定「應」提起，因此並非所有判決違法的案件均能提起非常上訴，必須具備「非常上訴的必要」才能提起，所謂「非常上訴必要」是指「與統一適用法令有關；或該判決不利於被告，非予救濟，不足以保障人權者」而言，簡言之，必須提起非常上訴具有❶統一適用法令效果，或❷足以救濟對被告不利的判決，始得提起。

🔲 小博士解說

第 379 條事由，可否提起非常上訴？

第 379 條事由於第三審程序為「判決當然違背法令」，得提起第三審上訴。而於非常上訴程序，是否有第 379 條事由者，一概得提起非常上訴？答案是否定的，最高法院仍然將該條共 14 款事由，分別其為「狹義判決違背法令」或「訴訟程序違背法令」，而異其效果，其中第 4、5、12、14 款認為是「狹義判決違法」，第 1、2、3、8、9、11、13 款為「訴訟程序違法」；另外第 6、7、10 款則介於兩者之間，如違法情節足以影響判決者，則屬於「狹義判決違法」。

非常上訴的要件

非常上訴要件

要件一
需有非常上訴原因

要件二
需有非常上訴必要

二個要件，
缺一不可。
不具備者，
應予駁回。

要件一：非常上訴原因

（非常上訴唯一原因為「審判違背法令」）

審判
違背法令

狹義判決違法——可提起非常上訴

訴訟程序違法，有影響於判決本身者，可提起
非常上訴

訴訟程序違法，不影響於判決本身者，不得提
起非常上訴

要件二：非常上訴必要

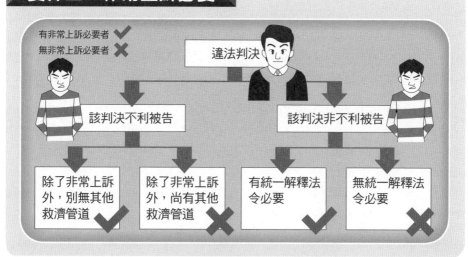

有非常上訴必要者 ✔
無非常上訴必要者 ✘

違法判決

該判決不利被告

該判決非不利被告

除了非常上訴
外，別無其他
救濟管道 ✔

除了非常上訴
外，尚有其他
救濟管道 ✘

有統一解釋法
令必要 ✔

無統一解釋法
令必要 ✘

UNIT **11-6**
非常救濟──非常上訴的判決

（一）非常上訴的審理

❶非常上訴均採書面審理，不經言詞辯論（§444）。

❷最高法院審理非常上訴案件，其調查範圍，以非常上訴理由所指摘的事項為限（§445 I），並受有第394條調查事實的限制（§445 II）。

（二）非常上訴的判決

最高法院審理後，依情形為下述判決：

❶非常上訴不合法者，判決駁回（§446）

❷非常上訴無理由者，判決駁回（§446）

❸非常上訴有理由者，分別情形（§§447、448）

　①原判決違背法令者：

　Ａ將原判決違背法令的部分撤銷：如原判決違背法令，但並無不利於被告者，僅撤銷違背法令的部分即可，此時非常上訴效力不及於被告（§448），僅有統一解釋法律的功能；

　Ｂ將原判決違背法令的部分撤銷後，另行判決：原判決違法而且對被告不利者，撤銷違法的部分，並另行判決，以達保護被告權利的目的。此種情形非常上訴效力及於被告（§448）；

　Ｃ撤銷原判決，由原審法院更為審判：如原判決的違法情形是「誤認為無審判權而不受理，或其他有維持被告審級利益之必要者」，最高法院得將原判決撤銷，由原審法院依判決前之程序更為審判（§447 II），此種情形非常上訴的效力及於被告。另注意，更審結果不得諭知較重於原確定判決之刑（不利益變更禁止）。

　②訴訟程序違背法令者，撤銷其程序（§447 I ②），其效力不及於被告（§448）。

🔲小博士解說

實例介紹

民國84年9月1日，商人黃○○遭人綁票後殺害，警方查獲嫌犯黃春棋、陳憶隆，被告徐自強則被黃春棋指為共同正犯而一同被起訴，三人迭經法院以擄人勒贖故意殺人事實而判處死刑。徐自強的辯護律師則數度聲請檢察總長提起非常上訴，檢察總長總共提起五次非常上訴。而因釋字第582號解釋在93年作成，認定共同被告屬「證人」的證據方法，應依法具結陳述，並賦予被告詰問機會始為適法。檢察總長據此號解釋提起第五次非常上訴，最高法院認為原確定判決未賦予徐自強詰問共同被告黃春棋、陳憶隆的機會，該二人不利於徐自強的供述乃未經合法調查的證據，原判決確有違背法令，因而將原判決撤銷，由原法院更為審判。本案即屬本法第447條第2項、第448條效力及於被告的適例。（本案之後又在高等法院與最高法院間來回，最終在105年10月13日無罪確定。）

非常上訴的審理

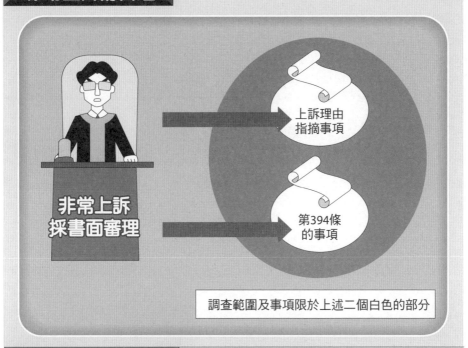

非常上訴
採書面審理

上訴理由
指摘事項

第394條
的事項

調查範圍及事項限於上述二個白色的部分

非常上訴的判決

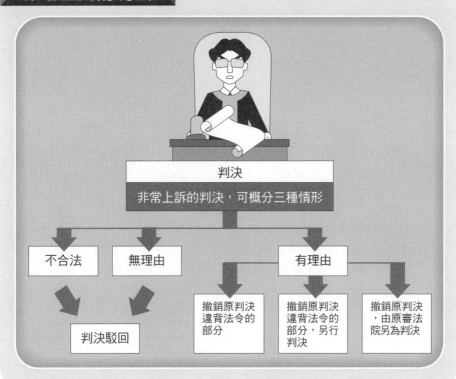

判決

非常上訴的判決，可概分三種情形

不合法

無理由

有理由

判決駁回

撤銷原判決
違背法令的
部分

撤銷原判決
違背法令的
部分，另行
判決

撤銷原判決
，由原審法
院另為判決

第**12**章

執行程序；
附帶民事訴訟程序
與沒收特別程序

● 章節體系架構 ▼

UNIT **12-1**
執行程序、附帶民事訴訟程序簡介

（一）執行

被告經判決有罪並判處刑罰或保安處分確定者，進入「執行」程序，因此執行是指實現裁判內容的程序：

❶裁判，除性質上應由法院或法官執行者外，原則上由檢察官執行之（§457 I）。

❷裁判除關於保安處分者外，於確定後執行之，但有特別規定者，不在此限（§456 I）。

❸各種執行

①死刑、自由刑、財產刑、沒收物的執行、撤銷緩刑宣告及更定其刑之聲請、易服勞役及易服社會勞動之執行，詳參§§459～480之規定。

②保安處分的執行：Ⓐ保安處分的執行，詳參111年11月30日修法後的§481（修正），以及§§481-1～481-7（新增），本次修正是為了符合釋字第799號解釋意旨，以及將相關程序規定地更為完備。釋字第799號認為宣告強制治療程序因涉及拘束人身自由，應賦予受處分人相當的正當法律程序保障，例如賦予受處分人陳述意見的機會，以及精神障礙或其他心智缺陷而無法為完全陳述者，應有律師為其辯護；Ⓑ於是立法者於§481 I，將保安處分區分為拘束人身自由（例如：許可延長監護、強制治療）及非拘束人身自由的處分（例如停止強制治療），於法院審核時，踐行不同的程序保障，前者受有較高的程序保障；Ⓒ檢察官聲請拘束人身自由的保安處分，其程序保障較完備，見右圖；Ⓓ檢察官聲請非拘束人身自由的保安處分，其程序參照§481-6。

（二）附帶民事訴訟（附民）

附帶民事訴訟是依附於刑事訴訟的民事訴訟程序。將民事依附於刑事訴訟，有助於訴訟資源的減省，避免裁判矛盾。

❶附帶民事訴訟的當事人

①原告：因犯罪而受損害之人為原告。例如：告訴人，以及其他直接、間接受損害之人均可為原告；②被告：除刑事被告以外，其他依民法負賠償責任之人，亦得為附民被告。

❷附帶民事訴訟應由被告的刑事案件所繫屬的法院管轄；並應在刑事訴訟起訴後，第二審辯論終結前提起，但在刑事第一審辯論終結後，第二審上訴前，不得提起。

❸附帶民事訴訟的程序

①附帶民事訴訟原則上準用刑事訴訟的規定，但關於§§490～492、506、512事項，適用民事訴訟法；②提起附帶民事訴訟，原則上應提出訴狀（§492），但於刑事審判期日到庭時，得以言詞提起（§495）。

❹附帶民事訴訟的審理與判決

①法院就刑事訴訟所調查的證據，視為就附帶民事訴訟亦經調查（§499 I）；②附帶民事訴訟應與刑事訴訟同時判決（§501），並應以刑事判決所認定的事實為依據，但因捨棄而為判決者，不在此限（§500）；③法院認為附帶民事訴訟的提起不合法，或無理由，應判決駁回原告之訴，認為有理由，為被告敗訴的判決（§502）。法院就刑事訴訟為無罪、免訴或不受理之判決者，應以判決駁回原告之訴，但經原告聲請時，應將附帶民事訴訟移送管轄法院的民事庭（§503 I）。

❺附帶民事訴訟的上訴

見本法§§503、506~510。

執行程序

（執行,是將「裁判」內容,付諸實現的程序）

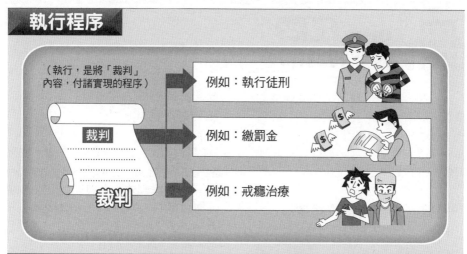

例如:執行徒刑

例如:繳罰金

例如:戒癮治療

檢察官聲請拘束人身自由的保安處分,其程序保障較完備

❶受處分人因身心障礙,致無法為完全之陳述者,或其他法院認為有必要的情形時,為強制辯護,並準用第35條輔佐人的規定(§481-3),而辯護人得檢閱卷宗及證物並得抄錄、重製或攝影,受處分人除有事實足認有危害他人生命、身體、隱私或業務秘密之虞,或有事實足認有妨害受處分人醫療之虞外,得預納費用請求法院付與卷宗及證物之影本,如經法院許可者,並得在確保卷宗及證物安全之前提下檢閱之(§481-4)。

❷法院除顯無必要者外,應指定期日傳喚受處分人,並通知檢察官、辯護人、輔佐人;法院並應給予到場受處分人、辯護人、輔佐人陳述意見之機會。但經合法傳喚、通知無正當理由不到場,或陳明不願到場者,不在此限(§481-5)。

附帶民事訴訟

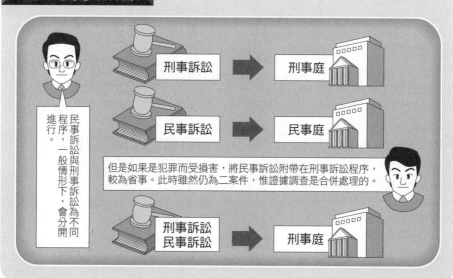

民事訴訟與刑事訴訟為不同程序,一般情形下,會分開進行。

刑事訴訟 ➡ 刑事庭

民事訴訟 ➡ 民事庭

但是如果是犯罪而受損害,將民事訴訟附帶在刑事訴訟程序,較為省事。此時雖然仍為二案件,惟證據調查是合併處理的。

刑事訴訟
民事訴訟 ➡ 刑事庭

UNIT **12-2**
沒收特別程序

為了配合刑法「沒收」部分條文的修正，刑事訴訟法於 105 年 6 月 22 日修正，增訂「沒收特別程序」，共新增 26 條（§455-12 至 §455-37），重要的內容如下：

（一）第三人參與沒收程序

法院判決沒收的財產，可能是被告所有，也可能是第三人所有（例如依刑法第 38 條之 1 第 2 項，沒收第三人之物的情形），如欲沒收第三人之物，即應賦予第三人參與程序、並提出答辯的機會，故於 105 年修法中，增訂第三人參與沒收程序的規定。

❶**要件**：若發現第三人之財產可能被沒收者，即依聲請或依職權啟動「第三人參與沒收」程序；但是該第三人向法院或檢察官陳明對沒收其財產不提出異議者，不在此限（§455-12）。

❷**參與方式**：財產可能被沒收的第三人得於本案最後事實審言詞辯論終結前，以書狀向該管法院聲請參與沒收程序；法院也可依職權裁定命該第三人參與沒收程序。又檢察官於審理中認為應沒收第三人財產者，得以言詞或書面向法院聲請（§455-13 III）。

❸**法院的通知義務**：法院應將審判期日通知參與人並送達關於沒收其財產事項之文書（§455-20）。

❹參與人就沒收其財產之事項，除本編有特別規定外，準用被告訴訟上權利的規定（§455-19）。法院並應告知其有前項的權利（§455-22 ⑤）。

❺**法院的告知義務**：審判長應於審判期日向到場的參與人告知下列事項：①構成沒收理由的事實要旨；②訴訟進行程度；③得委任代理人到場；④得請求調查有利的證據；⑤除本編另有規定

外，就沒收其財產的事項，準用被告訴訟上權利的規定。

❻進行簡易程序、協商程序的案件，經法院裁定第三人參與沒收程序者，依通常程序進行審判（§455-18）

❼**一造辯論判決**：參與人經合法傳喚或通知而不到庭者，得不待其陳述逕行判決；其未受許可而退庭或拒絕陳述者，亦同（§455-24 II）。

❽**參與沒收程序之裁判**：參與人財產經認定應沒收者，應對參與人諭知沒收該財產的判決；認不應沒收者，應諭知不予沒收的判決（§455-26 I）。

（二）上訴效力

❶對於本案的判決提起上訴者，其效力及於相關的沒收判決；對於沒收的判決提起上訴者，其效力不及於本案判決。

❷參與人提起第二審上訴時，不得就原審認定犯罪事實與沒收其財產相關部分再行爭執。但有下列情形之一者，不在此限：①非因過失，未於原審就犯罪事實與沒收其財產相關部分陳述意見或聲請調查證據；②參與人以外得爭執犯罪事實的其他上訴權人，提起第二審上訴爭執犯罪事實與沒收參與人財產相關部分；③原審有第 420 條第 1 項第 1 款、第 2 款、第 4 款或第 5 款之情形。

（三）第三人聲請撤銷判決

經法院判決沒收財產確定的第三人，非因過失，未參與沒收程序者，得於知悉沒收確定判決之日起 30 日內，以書狀向諭知該判決的法院聲請撤銷。但自判決確定後已逾五年者，不得為之。法院審理撤銷沒收確定判決，應通知聲請人、檢察官及自訴代理人，予其陳述意見的機會。

第三人參與沒收程序概說

K君提供給你的鑰匙可能會沒收

被告

K君

鑰匙為K君所有

如上圖，本案審理時，所可能沒收之物，也有可能是第三人所有，因此有令第三人參與沒收程序的必要。

第三人參與沒收程序的開啓、審理

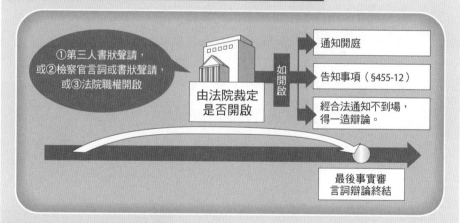

①第三人書狀聲請，或②檢察官言詞或書狀聲請，或③法院職權開啟

由法院裁定是否開啟

如開啟

通知開庭

告知事項（§455-12）

經合法通知不到場，得一造辯論。

最後事實審言詞辯論終結

關於沒收之上訴

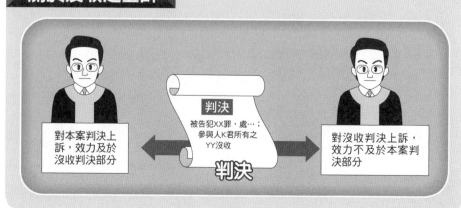

對本案判決上訴，效力及於沒收判決部分

判決
被告犯XX罪，處…；參與人K君所有之YY沒收

判決

對沒收判決上訴，效力不及於本案判決部分

國家圖書館出版品預行編目資料

圖解刑事訴訟法／黃耀平著. －－四版.－－
臺北市：五南圖書出版股份有限公司,2023.10
　面；　　公分. －－（圖解法律系列：010）
ISBN 978-626-366-461-6（平裝）

1.CST：刑事訴訟法

586.2　　　　　　　　　112013129

1QKA

圖解刑事訴訟法

作　　者 — 黃耀平（290.9）

發 行 人 — 楊榮川

總 經 理 — 楊士清

總 編 輯 — 楊秀麗

副總編輯 — 劉靜芬

責任編輯 — 林佳瑩、呂伊真

封面設計 — 姚孝慈、P.Design視覺企劃

出 版 者 — 五南圖書出版股份有限公司

地　　址：106台北市大安區和平東路二段339號4樓

電　　話：(02)2705-5066　　傳　　真：(02)2706-6100

網　　址：https://www.wunan.com.tw

電子郵件：wunan@wunan.com.tw

劃撥帳號：01068953

戶　　名：五南圖書出版股份有限公司

法律顧問　林勝安律師

出版日期　2017年 3 月初版一刷
　　　　　2019年 4 月二版一刷
　　　　　2020年 7 月三版一刷
　　　　　2021年 7 月三版二刷
　　　　　2023年10月四版一刷

定　　價　新臺幣420元

經典永恆・名著常在

五十週年的獻禮——經典名著文庫

五南，五十年了，半個世紀，人生旅程的一大半，走過來了。

思索著，邁向百年的未來歷程，能為知識界、文化學術界作些什麼？

在速食文化的生態下，有什麼值得讓人雋永品味的？

歷代經典・當今名著，經過時間的洗禮，千錘百鍊，流傳至今，光芒耀人；

不僅使我們能領悟前人的智慧，同時也增深加廣我們思考的深度與視野。

我們決心投入巨資，有計畫的系統梳選，成立「經典名著文庫」，

希望收入古今中外思想性的、充滿睿智與獨見的經典、名著。

這是一項理想性的、永續性的巨大出版工程。

不在意讀者的眾寡，只考慮它的學術價值，力求完整展現先哲思想的軌跡；

為知識界開啟一片智慧之窗，營造一座百花綻放的世界文明公園，

任君遨遊、取菁吸蜜、嘉惠學子！